Thomas Mangold

Evernote Business

Ideen und Rezepte zum Einsatz in deinem Unternehmen

THOMAS MANGOLD

EVERNOTE BUSINESS

IDEEN UND REZEPTE ZUM EINSATZ IN DEINEM UNTERNEHMEN

1. Auflage 2018

Lektorat: Katharina Pavlustyk
Covergestaltung: Ilian Ilgeoriev

Satz & Layout: Laura Newman
- design.lauranewman.de -

Impressum

Thomas Mangold
Schimmelgasse 10/2/11
1030 Wien
Österreich
office@thomas-mangold.com

ISBN: 978-1980834465

INHALT

EINLEITUNG

WIE DU DIESES BUCH LESEN UND VERSTEHEN SOLLST

Hallo und herzlich willkommen!

Ich freue mich, dass du dich für mein Buch entschieden hast. Nachdem mein erstes Buch zu Evernote (**Evernote – Mein Life-Management-Tool**) über Monate ein Bestseller bei Amazon war und nach wie vor sehr gefragt ist, habe ich mich nun dazu entschlossen, auch ein Buch über Evernote Business zu schreiben.

Während sich **Evernote – Mein Life-Management-Tool** eher an Privatanwender richtet, ist dieses Evernote-Business-Buch für Unternehmen und Teams gedacht. Das hat den einfachen Grund, dass Evernote Business eines der besten Tools am Markt ist, um ein Team oder ein Unternehmen noch produktiver, effizienter und effektiver arbeiten zu lassen. Die Gründe dafür werde ich dir gleich noch zeigen.

Wichtiger Hinweis:
In diesem Buch werde ich nicht darauf eingehen, wie Evernote funktioniert. Ich werde dir also beispielsweise nicht erklären, was ein Notizbuch ist, was eine Notiz und was ein Schlagwort. Wenn du das noch nicht

weißt, nutze bitte die tollen Tutorials auf der Webseite von Evernote, um dir ein Bild von der Funktionsweise von Evernote zu machen.

Generell empfehle ich dir, zuerst das Buch **Evernote – Mein Life-Management-Tool** zu lesen. Denn da erhältst du spannende Einblicke, wie du deinen privaten Evernote-Account managen kannst. Und du bekommst dadurch natürlich auch neue Ideen für deinen Business-Account.

Dieses Buch ist also nicht als Evernote-Tutorial zu verstehen, sondern vielmehr soll es dir Ideen und Inspirationen liefern, wie du Evernote Business nutzen kannst, um dein Unternehmen oder Team produktiver, effizienter und effektiver zu machen.

Ich werde dir dazu zwei Beispiele liefern. Einerseits meinen eigenen Evernote-Business-Account: Darin zeige ich dir, wie ich mich mit meinem Assistenten und meinen Freelancern organisiere und wie ich Evernote für einen tollen Workflow nutze.

Andererseits werde ich dir auch ein Beispiel einer Fitnesscenter-Kette mit dir teilen, die ich beraten habe und mit deren Mitarbeitern ich Evernote Business in den Betrieb integriert habe.

Ich denke, aus diesen beiden Beispielen werden sich extrem viele Ideen und Inspirationen ergeben, wie du Evernote Business für dein Team und für dein Unternehmen nutzen kannst.

Viele weitere spannende Kurse, um deine eigene Produktivität und die deines Teams zu verbessern, findest du auf **http://selbstmanagement.rocks/**. Dort gibt es natürlich auch einige spannende Kurse zu Evernote und Evernote Business.

Nun wünsche ich dir aber viel Spaß beim Lesen und vor allem viel Erfolg bei der Umsetzung.

Dein
Thomas Mangold

WARUM EVERNOTE BUSINESS?

Warum Evernote Business?
Die Antwort ist ganz einfach: Evernote Business hilft Teams dabei ...

- ihre Zusammenarbeit zu organisieren,
- das Projektmanagement zu vereinfachen,
- relevante Informationen zu sammeln und abzulegen,
- Firmenunterlagen zu organisieren,
- Inhalte selektiv freizugeben sowie
- „Datenbanken" und Wikis aufzubauen.

Natürlich hat auch Evernote Business alle Funktionen der „normalen" Evernote-Version, wie zum Beispiel:

- Von überall aus Zugriff auf alle Daten zu haben,
- geräteübergreifende Synchronisation und
- Freigabemöglichkeiten von Notizbüchern und Notizen.

Die Vorteile von Evernote Business
Daraus ergibt sich für Firmen oder Teams eine Fülle an Vorteilen, die sich sehr auf die Effizienz, Effektivität und damit natürlich auch auf die Produktivität in der Arbeit auswirken.

Das Wissen bleibt in der Firma

Wenn ein Mitarbeiter das Unternehmen verlässt, geht auch oft viel an Information verloren. Dadurch verlieren Unternehmen sehr viel Know-how, das sich ein neuer Mitarbeiter erst wieder mühsam aneignen muss. Mit Evernote Business ist das nicht der Fall, denn die gesamten Notizen, die der ehemalige Mitarbeiter gemacht hat, bleiben dem Unternehmen erhalten.

Selektive Freigabe von Notizbüchern und Arbeitsbereichen

Der oder die Administratoren können Notizbücher und Arbeitsbereiche selektiv freigeben. Was Arbeitsbereiche sind, erkläre ich dir etwas später noch genauer. Nehmen wir an, dein Unternehmen hat mehrere Abteilungen. Natürlich braucht jemand aus der Marketing-Abteilung nicht Zugriff auf die Notizbücher der Forschungs-Abteilung zu haben.

Im Admin-Panel kann der Administrator also für jedes einzelne Notizbuch und jeden Arbeitsbereich entscheiden, welcher Mitarbeiter darauf zugreifen darf.

Alle sind immer auf dem aktuellsten Stand

Das beste Beispiel hierfür sind Datenblätter. Vielfach werden diese via Mail versandt oder zum Download angeboten. In vielen Fällen werden sie aber auch noch händisch verteilt. Der Mitarbeiter kann sich nie ganz sicher sein, ob er die aktuellste Version hat oder ob es nicht vielleicht noch eine aktuellere gibt. Und selbst wenn, hat er sie in den seltensten Fällen in Realtime.

Mit Evernote Business ist das kein Problem. Wenn Änderungen an einem Datenblatt vorgenommen werden, wird das alte Datenblatt in Evernote Business durch das neue ersetzt. Damit hat jeder Mitarbeiter nicht nur in Echtzeit die neuesten Informationen, sondern braucht sich auch keine Sorgen mehr um die Aktualität der Unterlagen zu machen.

Neue Mitarbeiter lassen sich schnell einarbeiten
Wenn in Evernote Business ganze Arbeitsabläufe ordentlich angeführt werden, ist es ein Einfaches, neue Mitarbeiter einzuarbeiten. Der Ablaufplan der einzelnen Aufgaben ist in Evernote zu finden, der neue Mitarbeiter braucht diese nur noch 1:1 umzusetzen. Das spart langwierige und personalintensive Schulungen.

Es ist egal, von wo aus dein Mitarbeiter arbeitet
Im Büro, von zu Hause aus, auf Dienstreisen oder im Außendienst, dein Mitarbeiter hat von überall aus Zugriff auf die aktuellsten Informationen.

Notizen, Notizbücher und Arbeitsbereiche
Neben Notizen und Notizbüchern, die man ja schon aus der normalen Evernote-Version kennt, gibt es in Evernote Business auch sogenannte Arbeitsbereiche. Arbeitsbereiche kannst du dir wie Gruppen vorstellen. In diese Arbeitsbereiche können spezielle Notizbücher und Notizen verschoben werden.

Nehmen wir an, dein Unternehmen hat mehrere Abteilungen (HR, Marketing, Produktion ...). Auf die Notizbücher der HR-Abteilung können nur HR-Mitarbeiter

zugreifen, auf jene des Marketing nur Mitarbeiter der Marketingabteilung und genau so verhält es sich bei der Produktionsabteilung.
Das macht natürlich Sinn. Nun kann aber der Fall eintreten, dass Mitarbeiter aus jeder dieser Abteilungen gemeinsam an einem Projekt arbeiten. Das ist der optimale Zeitpunkt, um einen Arbeitsbereich zu eröffnen.

In diesen Arbeitsbereich werden nun alle das Projekt betreffenden Notizen und Notizbücher gezogen. Also zum Beispiel ein Notizbuch aus der HR-Abteilung, eine Notiz der Marketing-Abteilung und ein Notizbuch der Produktionsabteilung. Nun haben alle drei Mitarbeiter Zugriff auf diese Notizbücher im entsprechenden Arbeitsbereich. Optimal also, um innerhalb des Unternehmens sinnvoll miteinander zusammenarbeiten zu können.

Beispiel „Marketing"
Mein Assistent ist unter anderem dafür zuständig, sämtliche Marketingaktivitäten zu koordinieren. Also zum Beispiel zu meinem Blog, zu SelbstmanagementRocks, aber auch zu meinen Tätigkeiten als Keynote-Speaker. All diese Bereiche habe ich in Stapel-Notizbüchern organisiert und nicht auf alle diese Bereiche braucht mein Assistent auch tatsächlich Zugriff.

Also habe ich den Arbeitsbereich „Marketing" erstellt. Dann habe ich alle Notizbücher, die das Marketing betreffen, in diesen Arbeitsbereich geschoben und ihm Zugriff darauf gegeben.
So kann er dank Evernote Business auf alle wichtigen Informationen zugreifen, die er für das Marketing benötigt.

Ein paar Beispiele aus der Praxis

Wikis erstellen

Falls du nicht weißt, was ein Wiki ist, hier die Definition von Wikipedia:
„Das Ziel ist häufig, Erfahrung und Wissen gemeinschaftlich zu sammeln (kollektive Intelligenz) und in für die Zielgruppe verständlicher Form zu dokumentieren."

Wikis sind eine super Methode, um Know-how in der Firma oder im Team zu lassen. Wenn jeder Mitarbeiter seine Arbeit gut dokumentiert, dann ist sichergestellt, dass sein Know-how auch nach seinem Ausscheiden im Unternehmen bleibt.

Ich habe zum Beispiel für meinen Assistenten ein Support-Wiki (eines von mehreren, die wir nutzen) erstellt. So kann er auf 80 % der Anfragen, die via E-Mail kommen, reagieren. Alles, was er tun muss, ist, in das jeweilige Wiki zu sehen und sich die Lösung da rauszuholen.

Sollte er sich dann beruflich verändern wollen, kann sein Nachfolger ohne große Einarbeitung ebenfalls sofort mit diesem Wiki arbeiten.

Checklisten und Templates

Jedes Unternehmen und Team hat Formulare und Checklisten, nach denen vorzugehen ist. Warum nicht einfach diese Checklisten in Evernote anlegen? So haben alle betreffenden Personen Zugriff darauf und Änderungen wirken sich sofort aus.

Hier findest du zum Beispiel ein Template für dein CMR **http://bit.ly/evernote-crm** und hier eines für Gesprächsnotizen **http://bit.ly/evernote-notiz**. Vielen Dank für diese Evernote-Vorlagen (**http://www.merlinmechler.de/evernote-vorlagen**) geht an Merlin Mechler, der mir diese hier zum Download zur Verfügung gestellt hat.

Kundenmanagement

Selbstverständlich kann man auch sein Kundenmanagement über Evernote abwickeln. Welche Ansprechpartner gibt es, was muss ich über den Kunden wissen? Welche Kommunikation gab es mit dem Kunden? Sollte ein Unternehmen nicht hunderte Kunden haben, kann Evernote auch super als CRM-System dienen.

Wenn alle Gespräche, E-Mails und Kommunikationsvorgänge mit den Kunden in Evernote gespeichert werden, haben alle Mitarbeiter, die Projekte für den jeweiligen Kunden bearbeiten, diesbezüglich immer die aktuellsten Informationen. Alles, was sie tun müssen, ist, einen Blick in das entsprechende Notizbuch zu werfen.

Mitarbeitermanagement

Selbstverständlich kannst du mit Evernote Business auch alles rund um deine Mitarbeiter managen. So können Verträge, Kontaktdaten, Funktionen und sonstige wichtige Dokumente zu dem jeweiligen Mitarbeiter aufgezeichnet werden. In so ein Notizbuch passen aber natürlich auch gemeinsame Zielsetzungen oder ein persönliches Erfolgsjournal gut hinein.

Meetings
Meetings sind der Zeitfresser Nummer eins in Unternehmen. Mit Evernote Business ist es ein Leichtes, allen Teilnehmern schon vorab alle wichtigen Informationen zu den Inhalten des Meetings zukommen zu lassen.

Damit kommen alle vorbereitet und auf dem gleichen Wissensstand ins Meeting. Das spart natürlich Zeit. Übrigens fällt auch das Protokollversenden weg. Dieses kann nämlich realtime ebenfalls gleich im entsprechenden Meeting-Notizbuch verfasst werden – mit dem Vorteil, dass Flipcharts oder Whiteboards einfach nur abfotografiert werden müssen. Fotos dann in die Notiz einfügen, fertig.

Wie du siehst, alles sehr effizient und vor allem zeitsparend.

Das Fazit
Evernote Business wird die Effizienz, Effektivität und Produktivität in deinem Unternehmen/Team massiv steigern. Diese Chance solltest du dir auf keinen Fall entgehen lassen.

Evernote Business – 2 Monate gratis testen
Alle Leser dieses Buchs haben die Möglichkeit, Evernote Business zwei Monate kostenlos zu testen. Was du dazu tun musst, verrate ich dir ganz am Ende des Buchs.

BASISWISSEN ZU EVERNOTE BUSINESS

ADMINISTRATOREN

Zuallererst brauchst du mal jemanden, der sich um den administrativen Bereich, sprich das Backend von Evernote kümmert. Vor allem geht es darum, Nutzer zu verwalten und Nutzer hinzuzufügen. Aber natürlich muss ein Administrator auch Notizbücher für bestimmte Nutzer freischalten und auch Arbeitsbereiche für Nutzer freigeben.

Sollte dein Unternehmen eine IT-Abteilung haben, dann macht es Sinn, dass der oder die Administratoren aus diesem Bereich kommen. Natürlich sollte auch der Chef immer Administratorenrechte haben.

Ein Administrator ist mit umfangreichen Rechten ausgestattet. Es gilt bei der Auswahl also sehr darauf zu achten, nur vertrauenswürdige Personen mit dieser Aufgabe zu betrauen.

Tipp:
Lege zumindest zwei Administratoren fest, denn dann bist du auch handlungsfähig, wenn einer der beiden mal im Urlaub oder krank ist.

Sehen wir uns nun aber einmal an, was du im Administratoren-Bereich alles machen kannst.

DIE ADMINISTRATORENKONSOLE

Die Schaltzentrale von Evernote Business ist die Administratorenkonsole. Zugriff darauf erhältst du, indem du in Evernote auf den Reiter „Hilfe" klickst und dann auf „Administratorenkonsole".

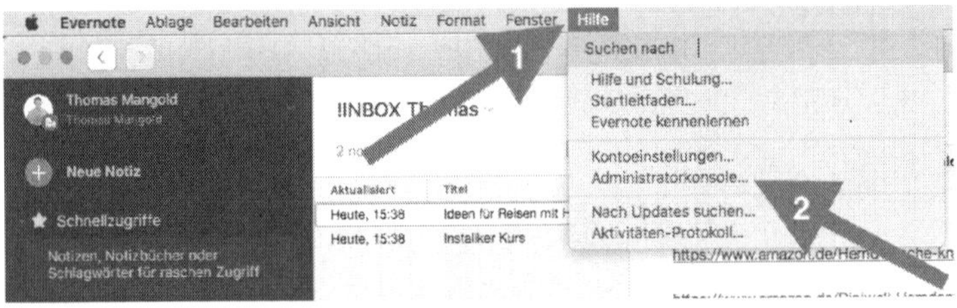

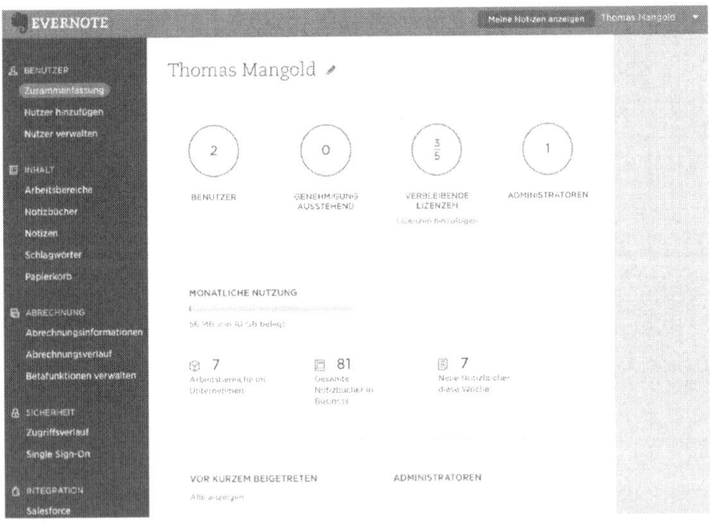

Hier kannst du die folgenden Einstellungen treffen:

Benutzer
Du erhältst eine Zusammenfassung von Benutzern und Lizenzen. Du kannst Nutzer hinzufügen und verwalten.

Inhalt
Arbeitsbereiche:
Du kannst selbst beitreten, Mitglieder hinzufügen, Mitglieder entfernen und ganze Arbeitsbereiche wieder löschen. Außerdem kannst du die einzelnen Arbeitsbereiche editieren und über den Link „Details anzeigen" kannst du dir ansehen, welche Mitglieder sich im Arbeitsbereich befinden.

Notizbücher:
In diesem Bereich kannst du Notizbücher exportieren, löschen, veröffentlichen, freigeben, die gemeinsame Nutzung und die Veröffentlichung rückgängig machen. Über den Link „Details anzeigen" kannst du dir ansehen, für welche Mitglieder das Notizbuch freigegeben ist.

Notizen:
Hier kannst du dir ansehen, welche Notizen für wen und mit welcher Berechtigung freigegeben sind. Bei den Freigaben kannst du nach folgenden Notizen sortieren:

- Intern freigegeben
- Extern freigegeben
- Öffentlicher Link
- Über Salesforce freigegeben

Bei den Berechtigungen kannst du nach folgenden Unterpunkten sortieren:

- Leseberechtigung
- Berechtigung zum Bearbeiten
- Berechtigung zum Bearbeiten und Einladen

Schlagwörter:
In diesem Bereich kannst du Schlagwörter löschen und umbenennen.

Papierkorb:
Hier kannst du Notizen endgültig löschen oder wiederherstellen.

Abrechnung
In diesem Bereich findest du alle Abrechnungsinformationen und den Abrechnungsverlauf. Außerdem kannst du hier entscheiden, ob du Beta-Funktionen nutzen willst.

Sicherheit
In diesem Bereich findest du einen Zugriffsverlauf. Du kannst dir genau ansehen, wer, wann mit welcher IP auf Evernote zugegriffen hat.

Integration
In diesem Bereich kannst du Integrationen zu anderen Tools (z. B. Salesforce) aktivieren.

SO FINDEST DU DIE PASSENDE NOTIZBUCHSTRUKTUR

Nachdem du dich nun mit der Administratorenkonsole vertraut gemacht hast, gilt es jetzt, die optimale Notizbuch-Struktur für dein Unternehmen zu finden. Hier solltest du sorgfältig überlegen, denn jede Entscheidung, die du jetzt triffst, wird in Evernote implementiert. Natürlich ist es möglich, im Nachhinein Änderungen vorzunehmen, allerdings ist das relativ mühsam. Aus diesem Grund empfehle ich, sich im Vorfeld schon einen ordentlichen Plan zurechtzulegen.

Hier könnte es unter anderem sehr hilfreich sein, sich einen externen Berater ins Boot zu holen, der schon Erfahrung mit der Implementierung von Evernote Business in Unternehmen hat.

Ich werde dir hier jetzt ein wenig theoretisches Wissen zu verschiedenen möglichen Strukturen geben. Auf den kommenden Seiten findest du dann auch zwei Beispiele dazu, die dir sicher Ideen liefern.

Die folgenden Notizbuch-Strukturen bieten sich an:

- Struktur nach Abteilungen
- Struktur nach Aufgabengebieten
- Struktur nach Projekten
- Struktur nach Kunden

Bevor du dich an die Struktur machst, ist es wichtig zu überlegen, welche Informationen du überhaupt auf Evernote Business teilen willst. Wenn du darüber eine möglichst ausführliche Liste erstellst, dann wird sich dir sehr schnell erschließen, wie eine sinnvolle Struktur aussehen könnte.

Möglicherweise existiert ja auch schon eine „Offline"-Ablagestruktur in Form von Kästen, Mappen oder Ähnlichem. Dann kann es durchaus sinnvoll sein, Teile davon auch als Struktur für Evernote zu verwenden.

Und was ist mit Schlagwörtern?
Ganz ehrlich, ich halte nicht sehr viel von der Verwendung von Schlagwörtern. Ich habe selten einen individuellen Evernote-Account gesehen (und ich habe die Accounts von vielen Personen gesehen), die eine ordentliche Schlagwort-Struktur aufgebaut haben. Die meisten Accounts hatten für ein und dieselbe Sache mehrere Schlagwörter. Dadurch entstand dann ein heilloses Chaos.

So, und jetzt stell dir bitte vor, dass ein ganzes Team oder ein ganzes Unternehmen immer die gleichen Schlagwörter verwenden soll. Das ist nahezu unmöglich. Aus diesem Grund kommen Schlagwörter in diesem Buch nur am Rande vor. Mein System bezieht sich daher größtenteils auf Notizbücher.

Tipp:
Erarbeite die Struktur nicht alleine, sondern mit deinen Mitarbeitern oder Team-Mitgliedern gemeinsam. Wenn du ein kleineres Unternehmen hast, solltest du optimalerweise alle Mitarbeiter miteinbeziehen. Bei größeren Unternehmen bietet sich eine Projektgruppe mit Teilnehmern aus allen Abteilungen an. Je genauer die Struktur im Vorfeld geplant wird, umso besser. Außerdem hat möglicherweise jede Abteilung und jede Projektgruppe andere Bedürfnisse. Es macht also Sinn, die Notizbuch-Struktur mit möglichst vielen Beteiligten zu erstellen.

TIPPS ZUR INTEGRATION VON EVERNOTE BUSINESS INS UNTERNEHMEN

Einige Mitarbeiter werden der Einführung eines neuen Systems skeptisch gegenüberstehen, vor allem, weil sie ein Mehr an Arbeit befürchten. Hier gilt es, im Vorfeld Aufklärungsarbeit zu leisten. Natürlich bedeutet jede Integration eines neuen Tools oder Systems anfangs Aufwand und sie braucht die Bereitschaft zur Umstellung auf das neue System. Bei Evernote Business wird sich der Aufwand der Integration sehr schnell amortisieren und es wird ein extremer Mehrwert für alle Beteiligten entstehen. Daher solltest du die Mitarbeiter, die mit der Integration von Evernote Business betraut sind, zuvor für Evernote begeistern.

Generell empfiehlt sich, bei der Integration schrittweise vorzugehen:

1. **Lege die Administratoren fest:** Diese müssen sich natürlich in das Thema einlesen oder einarbeiten, denn auf die Administratoren werden auch Fragen und Problemstellungen der anderen Mitarbeiter zukommen.
2. **Lege das Projektteam fest:** Das ist jenes Team, das sich einerseits um die Erstellung der Notizbuch-Struktur kümmern soll und andererseits den Kollegen in der Folge eine Schulung geben soll/kann. Das Projektteam muss auch die Regeln im Umgang mit Evernote Business festlegen (dazu kommen wir später noch).

3. **Lege die endgültige Notizbuch-Struktur fest** und auch gleich in Evernote Business an.
4. **Verfasse eine Evernote-Guideline** (auch dazu kommen wir etwas später noch).
5. **Installiere Evernote** auf allen PCs, Laptops, Tablets und Smartphones.
6. **Organisiere Schulungen** für alle Mitarbeiter. Startschuss dieser Schulungen sollte eine Kick-off-Veranstaltung sein, in der der Chef die Wichtigkeit des Projekts unterstreicht und nochmal auf die Vorteile für jeden einzelnen Mitarbeiter hinweist.
7. **Kontrolliere** vor allem in den ersten Wochen die exakte Umsetzung der Vorgaben und Einhaltung der Regeln.

Wenn du dich an diese Vorgehensweise hältst, wird die Implementierung von Evernote Business ohne Probleme ablaufen.

DIE MÖGLICHKEITEN ZU STRUKTURIEREN

In diesem Teil des Buchs will ich dir zeigen, welche Strukturen in Evernote Business möglich sind. Hier zunächst einmal die Auflistung, bevor wir dann ins Detail gehen:

- Arbeitsbereiche (Spaces)
- Business-Notizbücher
- Persönliche Notizbücher
- Business-Schlagworte
- Persönliche Schlagworte
- Notizen

Arbeitsbereiche (Spaces)
Arbeitsbereiche kannst du dir vorstellen wie Gruppen, Teams oder Projektbereiche. Der Zugriff auf Arbeitsbereiche kann selbstverständlich auf bestimmte Personen eingeschränkt werden.

Nehmen wir an, es gibt ein abteilungsübergreifendes Projekt, an dem Personen aus der HR-, der Marketing- und der Produktionsabteilung beteiligt sind. Normalerweise haben die HR-Mitarbeiter nur Zugriff auf die HR-Notizbücher, die Marketing-Mitarbeiter auf die Marketingnotizbücher und die Produktionsmitarbeiter nur auf die Produktionsnotizbücher.

Um das Projekt erfolgreich durchführen zu können, brauchen aber nun alle am Projekt beteiligten Mitarbeiter Zugriff auf

- eine Notiz aus der HR-Abteilung,
- ein Notizbuch aus der Marketingabteilung
- sowie auf ein Notizbuch und eine Notiz aus der Produktionsabteilung.

Und genau hier kommen die Arbeitsbereiche ins Spiel. Denn jetzt braucht man nur einen Arbeitsbereich für dieses Projekt zu gründen, die benötigten Notizen und Notizbücher in den Arbeitsbereich zu verschieben und dann die entsprechenden Projektmitarbeiter in den Arbeitsbereich einzuladen.

Fertig! Schon haben alle Mitarbeiter Zugriff auf alle für das Projekt relevanten Informationen.

Du siehst also, Arbeitsbereiche sind eine feine Sache und können in den verschiedensten Varianten angelegt werden.

Business-Notizbücher

Selbstverständlich kannst du bei allen Business-Notizbüchern den Zugriff auf bestimmte Personen einschränken. Wie schon vorher erwähnt, haben die HR-Mitarbeiter so Zugriff auf die Notizbücher ihrer Abteilung, die Marketingmitarbeiter Zugriff auf die Notizbücher der Marketingabteilung usw.

Selbstverständlich kann es aber auch Notizbücher geben, auf die alle Mitarbeiter zugreifen dürfen. Im Unterschied zu persönlichen Notizbüchern, die natürlich auch jeder Mitarbeiter für sich anlegen kann, bleiben Business-Notizbücher auch bestehen, wenn der jeweilige Mitarbeiter das Unternehmen verlässt.

Persönliche Notizbücher
Auf persönliche Notizbücher hat nur die Person Zugriff, die sie anlegt. Verlässt diese Person das Unternehmen, sind auch die in diesem Notizbuch gespeicherten Informationen weg.

Business-Schlagwörter (Tags)
Alle Schlagwörter, die in einem Business-Notizbuch erstellt werden, sind Business-Schlagwörter. Auf diese Schlagwörter hat jeder Zugriff, der auch auf das entsprechende Business-Notizbuch zugreifen kann. Wie schon erwähnt, bin ich kein großer Fan von Schlagwörtern. In bestimmten Notizbüchern machen sie jedoch Sinn. Zu den Beispielen kommen wir etwas später im Buch noch.

Persönliche Schlagwörter (Tags)
Persönliche Schlagwörter werden in persönlichen Notizbüchern erstellt und lassen sich auch nicht auf Business-Notizbücher übertragen. Auch hier gilt: Verlässt die Person, die diese Schlagwörter erstellt hat, das Unternehmen, sind auch die Schlagwörter weg.

Notizen
Notizen sind das, worum es in Evernote im Endeffekt geht. Daher ist es besonders wichtig, klare Regeln in Bezug auf Notizen zu erstellen. Zum Beispiel folgende:

- Welche Notiz gehört in welches Notizbuch?
- Wie soll die Form der Notiz aussehen? (z. B. TT.MM.JJJ – Initialen der erstellenden Person – Titel der Notiz)
- An wen darf/soll/kann die Notiz freigegeben werden?

Auch diese Regeln sollten natürlich am besten im Team erarbeitet werden!

Das waren die Möglichkeiten, eine Struktur in Evernote Business anzulegen. Lass uns nun zu Beispielen für eine mögliche Struktur kommen.

MEINE STRUKTUR

Mein Team ist relativ überschaubar. Ich habe einen Assistenten, mit dem ich mir einen Evernote-Business-Account teile. Außerdem haben Freelancer, mit denen ich viel und oft zusammenarbeite, Zugriff auf gewisse Notizbücher. Bevor ich aber genauer auf die einzelnen Notizbücher eingehe, hier einmal eine Übersicht.

Du siehst hier eine Übersicht der Stapel-Notizbücher, die sich in meinem Evernote-Business-Account befinden. Lass uns nun ein wenig ins Detail gehen:

Inbox

Mein Assistent und ich haben jeweils eine Inbox. Die Inbox ist so etwas wie ein Verschiebebahnhof für Notizen. Gesammelt werden zunächst einmal alle Notizen in der Inbox, im Anschluss werden sie auf die Notizbücher verteilt, in die sie gehören.

Ob du in deiner Struktur nun nur eine einzige Inbox anlegst oder mehrere (z. B. pro Abteilung oder pro Mitarbeiter), hängt natürlich von dir selbst und der Struktur in deinem Unternehmen ab. Es gibt Firmen, die vollkommen ohne Inbox auskommen. Ich finde sie als Zwischenlager für Notizen aber durchaus sinnvoll.

Unternehmen

Auf das Stapelnotizbuch „Unternehmen" haben selbstverständlich alle Mitarbeiter (mein Assistent und meine Freelancer) Zugriff. Dieses Stapelnotizbuch besteht aus mehreren Notizbüchern:

- **Checklisten:** Darin befinden sich alle Checklisten, die ich oder ein Mitarbeiter im Laufe der Zeit erstellt haben. Checklisten vereinfachen die Arbeit um ein Vielfaches und vermeiden Fehler.
- **Evernote-Guideline:** In diesem Notizbuch befinden sich einerseits alle Regeln für den Umgang mit Evernote Business und andererseits ist darin auch die genaue Notizbuch-Struktur zu sehen. Evernote übernimmt nicht für jeden Mitarbeiter automatisch die Struktur, sondern jeder Mitarbeiter muss diese

Struktur selbst anlegen. Es macht also Sinn, in diesem Notizbuch Screenshots der richtigen Struktur zu speichern.

- **Freelancer & Outsourcing:** In diesem Notizbuch sind alle Informationen zu Freelancer und Outsourcing-Möglichkeiten gespeichert. Zum Beispiel für Transkription, PR, Grafiker, Designer, Buchcover-Ersteller, Werbetexter, Ghostwriter, Buchsetzer und viele mehr.
- **Handbücher Mitarbeiter:** Dieses Notizbuch ist nichts anderes als ein Nachschlagewerk für Mitarbeiter. Was habe ich im Krankheitsfall zu tun, wen habe ich zu informieren und was passiert mit meinen anstehenden Aufgaben und Terminen, ist ein Beispiel für eine Notiz. Aber es gibt auch Themen wie Weiterentwicklung, Ordnung, produktivitätsfördernde Gewohnheiten, gemeinsame Veranstaltungen und Konfliktlösungen.
- **Kommunikations-Guidelines:** In diesem Notizbuch befindet sich der Kommunikationsführerschein. Wie sieht der Umgang mit E-Mails im Unternehmen aus? Wie sind unsere Meetingregeln? Wie schnell wird auf welchem Kommunikationsweg Antwort erwartet? Und vieles mehr.
- **Meeting-Protokolle:** Hier befindet sich auch der Ablageort für alle öffentlich zugänglichen Meeting-Protokolle.
- **Vorlagen:** In jedem Unternehmen sollte natürlich auch mit Vorlagen gearbeitet werden. Daher macht es Sinn, diese Vorlagen hier in diesem Notizbuch

zu speichern. Beispiele dafür sind die Agenda für das Meeting, Projektvorlagen, Mitarbeiter-Profile und Ähnliches.

- **Werte-Leitbild:** Auch die Werte und das Leitbild des Unternehmens sollten in Evernote Business gespeichert werden.
- **Zielsetzung:** Was sind die Ziele des Unternehmens? Auch diese Information sollte für alle Mitarbeiter zugänglich sein.

SMB

Das Stapelnotizbuch „SMB" ist nichts anderes als das Notizbuch zu meinem Blog **http://selbst-management.biz/**. Alle Informationen, die ich dafür brauche, werden hier gespeichert. Die Notizbücher dieses Stapelnotizbuchs heißen:

- **Administratives:** Hier landen einfach alle administrativen Dinge.
- **Blog:** Hier landen fertige Blogartikel, aber auch alle anderen wichtigen Infos rund um **http://selbst-management.biz/**.
- **Ideen:** In diesem Notizbuch landen alle Ideen, die ich rund um den Blog habe, von Ideen zu neuen Artikeln bis hin zu Designänderungen.
- **IT:** In diesem Notizbuch finden sich alle Informationen zur Technik. Angefangen von Themes und Plugins, die ich verwende, bis hin zu den Farbcodes der Webseite.
- **Kommunikation:** Alle wichtigen Informationen zur

Kommunikation mit anderen Menschen rund um meinen Blog (meistens sind das E-Mails) landen in diesem Notizbuch.

- **Kooperation:** Hier landen alle Infos zu Kooperationen, die ich eingegangen bin (z. B. Gastartikeln).
- **Marketing:** Natürlich hat auch Marketing ein eigenes Notizbuch. Alle Informationen zu Marketingmaßnahmen zu meinem Blog finden sich hier.
- **Marketing Influencer:** Hier befinden sich alle Infos rund um mein Marketing mit Influencern.
- **Marketing Social Media:** Und hier alle Infos zu Social-Media-Marketing.
- **Podcast:** Notizen rund um meinen Podcast landen in diesem Notizbuch.
- **SEO:** Alle Maßnahmen und Notizen zum Thema Suchmaschinenoptimierung sind hier zu finden.

SMR

Im Stapelnotizbuch „SMR" befinden sich alle Informationen zu meiner Selbstmanagement-Plattform **http://selbstmanagement.rocks/**. Die Aufteilung ist ähnlich wie beim Stapelnotizbuch für den Blog:

- **Administratives:** Hier landen alle administrativen Notizen.
- **Ideen:** Hier landen alle Ideen zu **http://selbstmanagement.rocks/**.
- **IT:** Alle technischen Notizen gehören hier hinein.
- **Kommunikation:** Notizen zu E-Mails, Telefongesprächen und Ähnlichem landen hier.

- **Kooperationen:** Natürlich darf auch ein Notizbuch für Kooperationen nicht fehlen.
- **Kurse:** Hier befinden sich alle Notizen zu Ideen für neue und bestehende Kurse.
- **Marketing:** Alles rund um das Marketing ist in diesem Notizbuch zu finden.
- **Show:** Meine SelbstmanagementRocks-Show gibt es (momentan) jeden Samstag live auf Facebook oder Youtube. Alle Notizen dazu landen hier drin.

BÜCHER

In diesem Stapelnotizbuch finden sich alle Notizen zu meinen bestehenden und neuen Büchern. Die Struktur in diesem Stapelnotizbuch sieht folgendermaßen aus:

- **Administratives:** Hier landen alle administrativen Notizen.
- **101 Produktivitätstipps:** Alle Notizen zu meinem Buch „101 Produktivitätstipps" sind in diesem Notizbuch.
- **Alles im Griff:** Hier finden sich alle Notizen zur Buchserie „Alles im Griff".
- **Evernote:** Alle Infos zu meinem Buch „Evernote – Mein Life-Management-Tool" befinden sich hier.
- **Evernote Business:** In diesem Notizbuch finden sich alle Notizen zu diesem Buch hier wieder.
- **Ideen:** Ideen zu neuen Büchern kommen in dieses Notizbuch.
- **Kommunikation:** Notizen zu E-Mails, Telefongesprächen und Ähnlichem landen hier.

- **Marketing:** Alles rund um das Marketing ist in diesem Notizbuch zu finden.
- **Selbstmanagement-Formel:** Hier landen alle Infos zu meinem Buch „Die Selbstmanagement-Formel".

SMO

Ich beschäftige mich nicht nur mit Selbstmanagement, sondern auch mit Sportmentaltraining. In dieses Stapelnotizbuch kommen alle Notizen zur Plattform **http://sportmentaltraining.online**. Ich erspare dir hier eine genaue Auflistung, denn die Struktur ist die gleiche wie die des Stapelnotizbuchs „SMR".

SPEAKING

In diesem Notizbuch verwalte ich alle Notizen zu meinen Keynote-Reden, Workshops und Seminaren. Und entsprechend sind auch die Notizbücher gestaltet:

- Administratives
- Keynotes
- Kommunikation
- Marketing
- Seminare
- Workshops

WIKI

Das Thema Wikis hatten wir ja in der Einführung schon. Die Wikis dienen mir und meinem Assistenten als Nachschlagewerk. Dieses Stapelnotizbuch ist in die folgenden Notizbücher untergliedert:

- **E-Mail:** Hier sind Standardantworten für E-Mails gespeichert, die uns oft erreichen.
- **IT:** Lösungen zu technischen Problemen oder Anfragen befinden sich hier.
- **Marketing:** Step-by-step-Anleitungen zu Facebook Ads oder Google Adwords sind hier zu finden.
- **Speaking:** Hier liegen zum Beispiel Standardantworten auf Mailanfragen.
- **Support:** In diesen Notizen befinden sich Informationen zu den gängigsten Supportanfragen, z. B. Standardantworten und Vorgehensweisen bei gewissen Problemen (z. B. wenn ein Kunde von **http://selbstmanagement.rocks/** sein Passwort vergessen hat).
- **Tools:** In diesem Notizbuch finden sich Anleitungen und Tutorials zu Tools, die wir in Verwendung haben.

MITARBEITER

In diesem Stapelnotizbuch befinden sich alle Informationen zu meinem Assistenten und zu mir:

- **Simon:** Hier ist das Mitarbeiterprofil zu finden, aber auch Notizen wie Zielsetzungen, Urlaube, Zeitausgleich und Ähnliches.
- **Simon Dokumente:** In diesem Notizbuch befinden sich einige Dokumente, wie z. B. der Arbeitsvertrag, die Anmeldung bei der Sozialversicherung usw.
- **Thomas:** Hier befindet sich mein Mitarbeiterprofil und natürlich ebenfalls Zielsetzungen, Urlaube und Ähnliches.

FINANZEN

Natürlich darf auch ein Stapelnotizbuch zu finanziellen Dingen nicht fehlen. Dieses unterteilt sich in die folgenden Notizbücher:

- **Rechnungen:** Hier landen alle Rechnungen.
- **Steuerberatung:** In diesem Notizbuch sind alle Informationen von und für meine Steuerberaterin.
- **Versicherungen:** Alle Infos zu Versicherungen finden sich hier.

PROJEKTE

In diesem Stapelnotizbuch landen Projekte, die meistens nur vorübergehend sind. Immer wenn ein neues Projekt entsteht, wird das entsprechende Notizbuch dazu erstellt. Wenn es abgeschlossen ist, wird das Notizbuch archiviert.

PROGRESS

In diesem Stapelnotizbuch werden alle Fortschritte dokumentiert. Unter anderem in den folgenden Notizbüchern:

- **Erfolgsjournal:** Hier werden Notizen zu allen Unternehmenserfolgen erstellt. Gerne auch mit vielen Fotos oder spannenden Berichten. Je emotionaler, desto besser.
- **Fortbildungen:** In diesem Notizbuch werden Fortbildungen, die für die Mitarbeiter spannend sein könnten, gespeichert.

- **Ideen:** Dieses Notizbuch ist für spannende Ideen, die das Unternehmen weiterbringen, verbessern oder Kosten einsparen können.
- **Verbesserungsvorschläge:** In diesem Notizbuch werden alle Verbesserungsvorschläge gesammelt.
- **Wichtige Entscheidungen:** Wichtige und vielleicht richtungsweisende Entscheidungen landen in diesem Notizbuch hier. Jede Notiz mit einer wichtigen Entscheidung wird mit einer Erinnerung in einem bis drei Monaten versehen. Poppt die Entscheidung dann auf, wird evaluiert, ob sie richtig war oder ob sie eventuell rückgängig gemacht werden muss.

MEETINGS

Wenn in deinem Unternehmen viele Meetings abgehalten werden, macht es möglicherweise Sinn, ein eigenes Meeting-Notizbuch zu erstellen, in dem auch alle Protokolle und Ergebnisse festgehalten werden.

KONTAKTE

Ich manage mit Evernote auch sehr gerne meine Kontakte. Dafür habe ich folgende Unterteilung getroffen:

- **Online-Marketing:** Hier finden sich alle Kontakte im Online-Marketing.
- **Selbstmanagement:** Hier finden sich alle Kontakte, die in die Kategorie Selbst- und Zeitmanagement passen.
- **Speaking:** Hier finden sich alle Kontakte zu meinen Keynote-Reden, Workshops und Seminaren.

- **Sportmentaltraining:** Hier finden sich alle Kontakte zum Sportmentaltraining.
- **Diverses:** Hier finden sich alle Kontakte, die in keine der oberen Kategorien passen, aber trotzdem spannend sind.

PROJEKTARCHIV

Natürlich braucht es auch noch ein Archiv-Stapelnotizbuch für abgeschlossene Projekte. Wenn ein Projekt also beendet ist, wird es vom Stapelnotizbuch „Projekte" in dieses hier verschoben.

DIE FITNESSCENTER-STRUKTUR

Nachdem ich dir nun meine Struktur recht ausführlich erklärt habe, will ich dir noch zeigen, mit welcher Struktur wir Evernote Business für ein Fitnesscenter implementiert haben. Ich gehe hier aber nicht mehr im Detail auf die einzelnen Punkte ein, sondern zeige dir nur das Schema.

- Unternehmen
- Checklisten
- Evernote-Guideline
- Vertragspartner (z. B. Reinigungsunternehmen)
- Handwerker
- Handbücher
- Kommunikationsregeln
- Meetingprotokolle
- Vorlagen
- Werte-Leitbild
- Zielsetzung

FILIALE A
- Administratives
- Trainer
- Facility Management
- Marketing

Das Unternehmen hat sechs Filialen, die alle die obige Notizbuch-Struktur haben.

MANAGEMENT

- Headquarter
- Filialleiter
- Finanzen
- Marketing
- Social Media
- PR
- HR
- Administratives

TRAINER

- Jour fixe
- Vorlagen Trainingspläne
- Leitfaden Verkaufsgespräche
- Schulungen & Fortbildungen
- Verbesserungsvorschläge & Ideen
- Übungssammlung
- Dienstpläne

MITARBEITER

Hier werden Informationen zu den Mitarbeitern gespeichert. Ähnlich wie du es aus meiner Struktur kennst.

PROGRESS

- Erfolgsjournal
- Ideen & Verbesserungsvorschläge
- Fortbildung
- Wichtige Entscheidungen

WIKI

Auch hier ähnelt die Struktur sehr meiner. Es wird einfach beschrieben, welche Maßnahmen die Mitarbeiter bei gewissen Anfragen oder Vorfällen zu treffen haben.

Seit der Einführung der Arbeitsbereiche (Spaces) haben wir dann natürlich noch ein paar Arbeitsbereiche hinzugefügt. Unter anderem diese hier:

FACILITY MANAGEMENT

Da haben Mitarbeiter Zugriff auf die folgenden Notizbücher:

- Vertragspartner & Handwerker (aus dem Stapelnotizbuch „Unternehmen")
- Facility-Management (aus den Stapelnotizbüchern der einzelnen Filialen)

MARKETING

Der Arbeitsbereich enthält die folgenden Notizbücher:

- Marketing (aus dem Stapelnotizbuch Management)
- Marketing (aus den Stapelnotizbüchern der einzelnen Filialen)

DEINE AUFGABEN FÜR DIESES KAPITEL

- Administratoren festlegen
- Mit dem Administratorenpanel vertraut machen
- Evernote-Guidelines erstellen
- Notizbuchstruktur erstellen
- Integration in das Unternehmen planen

Viel Erfolg bei der Umsetzung.

GEMEINSAME PROJEKTPLANUNG & PROJEKTBEARBEITUNG

IN 7 SCHRITTEN ZUM FERTIGEN PROJEKT

Eine sehr wichtige Funktion von Evernote Business ist das gemeinsame Abarbeiten von Projekten. Die Vorgehensweise dabei ist immer dieselbe und umfasst diese sieben Schritte:

1. Notizbuch erstellen
2. Freischalten und teilen
3. Klare Regeln erstellen
4. Alles sammeln
5. Tags verteilen
6. Auf dem Laufenden bleiben
7. Das fertige Projekt archivieren

Lass uns diese sieben Schritte nun im Detail ansehen!

SCHRITT 1: DAS PROJEKTNOTIZBUCH ERSTELLEN

Der Projektverantwortliche erstellt das entsprechende Notizbuch oder den entsprechenden Arbeitsbereich. Das kann natürlich gemeinsam mit dem Administrator passieren. Vorher gilt es allerdings, ein paar Punkte zu bedenken:

Reicht ein Notizbuch im Stapelnotizbuch „Projekte" aus oder ist das Projekt so groß, dass ein eigenes Stapelnotizbuch erstellt werden muss?
Ich bin ein großer Fan von „je einfacher, desto besser". Wenn das Projekt also nicht sehr umfangreich ist, dann ist es mit Sicherheit besser, nur ein einziges Notizbuch zu erstellen. Für den Fall, dass ein Stapelnotizbuch notwendig ist, solltest du dir auch schon im Vorfeld die genaue Notizbuchstruktur überlegen.

Brauche ich überhaupt ein Notizbuch oder reicht ein Arbeitsbereich? Bzw. brauche ich beides?
In vielen Fällen werden schon Notizbücher existieren, die man dann auch für das neue Projekt verwenden kann. In diesem Fall ist ein Arbeitsbereich eine sinnvolle Lösung. Auch hier sollte man vorher genau überlegen, was es schon gibt und was man neu erstellen muss. Es gibt nichts Nervigeres als Doppelablagen! Daher hier wirklich behutsam mit neuen Notizbüchern umgehen.

Tipp:
Je mehr Köpfe, umso besser die Ideen. Es macht sicher Sinn, die Projektmitglieder (sofern es nicht zu viele sind) zu einer Kick-off-Veranstaltung einzuladen und mit ihnen gemeinsam die Notizbuchstruktur bzw. die Arbeitsbereiche zu überdenken. Vor allem, wenn es ein abteilungsübergreifendes Projekt ist, würde ich unbedingt so vorgehen.

SCHRITT 2: FREISCHALTEN UND TEILEN

Hier musst du zwischen internen und externen Mitarbeitern unterscheiden. Starten wir zunächst einmal mit den internen:

Wer soll überhaupt am Projekt mitarbeiten? Falls diese Frage nicht schon im Vorfeld geklärt wurde, dann ist jetzt der richtige Zeitpunkt dafür. Sobald die Entscheidung feststeht, kannst du die betreffenden Mitarbeiter für die jeweiligen Notizbücher oder Arbeitsbereiche freischalten. Das kann entweder der Administrator machen oder der Projektleiter, falls er die Rechte vom Administrator bekommen hat.

Möglicherweise ist es aber sinnvoll, nicht nur interne Mitarbeiter am Projekt teilhaben zu lassen, sondern auch externe Personen (Klienten, Kunden, Verkäufer, Berater). Diese haben oft sehr viel Praxiserfahrung und sollten in den Prozess eingegliedert werden.

Tipp:
Aus eigener Erfahrung kann ich sagen, dass es am sinnvollsten ist, nur bestimmte Notizen an externe Personen freizugeben und diese auch entsprechend zu benennen.

SCHRITT 3: KLARE REGELN AUFSTELLEN

Gerade wenn mehrere Menschen an einem Projekt arbeiten, ist es sinnvoll, sehr klare Regeln aufzustellen. Möglicherweise sind die firmeninternen Umgangsregeln mit Evernote schon klar genug, in diesem Fall müssen nur noch die externen Personen unterwiesen werden.

In vielen Fällen kann es aber trotzdem Sinn machen, spezifische Projektregeln zu erarbeiten. Zum Beispiel:

- Benennung der Notizen (TT.MM.JJJ – Initialen des Erstellers – Name der Notiz)
- Verwenden von Tags: Welche Tags dürfen verwendet werden? Wie lauten sie genau?
- Usw.

Neben den Regeln ist es auch sinnvoll, ein Übersichtsnotizbuch zu erstellen. Dieses könnte zum Beispiel folgende Dinge enthalten:

- Projektregeln
- Kontaktdaten der Projektmitarbeiter
- Links zu den wichtigsten Notizen des Projekts

Diese Notiz kann man dann einfach in den Schnellzugriffen speichern, so erreicht man sie mit einem Klick.

SCHRITT 4: ALLES IM PROJEKTNOTIZBUCH SAMMELN

Nun gilt es, so viele Informationen wie möglich zum entsprechenden Projekt zusammenzutragen. Und genau da liegt die Stärke von Evernote Business. Dazu gibt es eine Fülle von Möglichkeiten:

- **Evernote-Webclipper:** Das ist ein kleines Add-on, das du in den gängigsten Browsern installieren kannst. Wenn du dann auf einer Webseite surfst und dir denkst, dass die Informationen darauf spannend für das Projekt wären, brauchst du nur noch auf den Webclipper zu klicken, dir auszusuchen, in welcher Form du die Webseite speichern willst, und dann noch das passende Notizbuch auszusuchen.
- **Bilder:** Wo immer du bist und wann immer du dein Smartphone dabei hast, kannst du mit der Evernote-App Fotos machen und diese in Evernote speichern.
- **Sprachaufnahmen:** Wenn du gerade keine Möglichkeit hast zu tippen, kannst du auch jederzeit Sprachmemos aufnehmen.
- **Text:** Natürlich kannst du alles rund ums das Projekt auch durch das gute alte Tippen von Text hinzufügen.

So landen Ideen, Meetingnotizen und Timelines von allen Projektmitarbeitern im Projektnotizbuch. Das kann eine geballte Ladung an Information sein, die das Projekt richtig gut werden lässt.

SCHRITT 5: VERTEILE SCHLAGWÖRTER

Wie schon erwähnt, bin ich kein großer Fan von Schlagwörtern, denn meistens artet ihre Verwendung aus. Bei geschlossenen Projekten gibt es allerdings eine Handvoll Schlagwörter, die durchaus Sinn machen können. In meiner Arbeit habe ich vier Arten von Schlagwörtern kennengelernt, die bei Projekten nützlich sind:

- Zuständigkeit (Schlagwort mit dem Namen der Person, die für die Erledigung der Notiz zuständig ist)
- Wichtigkeit (dingend, nicht dringend, überfällig)
- Status (offen, erledigt, in Bearbeitung)
- Prüfung (genehmigt, Genehmigung ausstehend, Genehmigung noch nicht beantragt)

Der Vorteil dieser Schlagwörter ist es, dass du spezifisch nach ihnen suchen kannst. Du kannst also nach dem Schlagwort „überfällig" suchen und bekommst alle Notizen aufgelistet, die mit diesem Schlagwort versehen sind.

Falls du dich als Projektleiter entscheidest, mit diesen Schlagwörtern zu arbeiten, ist es wichtig, dass du in den Regeln genau beschreibst, welche das sind und für welche Notizen sie verwendet werden dürfen. Und du musst darauf achten, dass deine Mitarbeiter die Schlagwörter in den Projekten auch pflegen. Schließlich nutzt es dir nichts, wenn du bei der Suche nach „überfälligen" Notizen auch viele aufgelistet bekommst, die schon erledigt sind und wo schlicht und einfach nur vergessen wurde, das Schlagwort zu ändern oder zu entfernen.

SCHRITT 6: AUF DEM LAUFENDEN BLEIBEN

In der Regel wirst du nicht nur an einem Projekt arbeiten, sondern vermutlich eher an mehreren Projekten beteiligt sein. Insofern gilt es darauf zu achten, stets bei allen Projekten auf dem Laufenden zu bleiben. In Evernote hast du drei Möglichkeiten, das zu tun:

Die erste Möglichkeit ist über den Schnellzugriff. Wie bereits beschrieben kannst du Notizen in der linken Leiste ganz oben unter „Schnellzugriff" speichern. Da würde ich an deiner Stelle die Übersichtsnotizbücher der Projekte speichern, an denen du beteiligt bist. So hast du mit einem Klick Zugriff auf die jeweiligen Notizbücher und vergisst auch nicht, täglich nach dem Rechten zu sehen.

Die zweite Möglichkeit, auf dem Laufenden zu bleiben, sind gespeicherte Suchen. Du kannst also zum Beispiel deine Suche nach überfälligen Aufgaben speichern und dann regelmäßig reinschauen, ob schon welche davon abgearbeitet sind.

Die dritte Möglichkeit sind Erinnerungen. Du kannst in Notizen Erinnerungen speichern und diese zu einem bestimmten Datum und Uhrzeit aufpoppen lassen. Zusätzlich zum Aufpoppen in Evernote besteht auch die Möglichkeit, dir automatisiert eine Mail zu senden, wenn eine Notiz fällig wird.

SCHRITT 7: DAS PROJEKT ARCHIVIEREN

Die letzte Aufgabe bei jedem Projekt ist es, das entsprechende Notizbuch aus dem Stapelnotizbuch „Projekte" in das Stapelnotizbuch „Projektarchiv" zu verschieben. Es bietet sich an, auch noch eine Projektabschluss-Notiz zu erstellen. Diese kann Fotos vom fertigen Projekt umfassen, vielleicht auch Fotos von der Abschlussfeier bzw. weitere wichtige Infos zum Abschluss des Projekts.

Übrigens findest du eine Projektvorlage zum Downloaden in den Bonustools zu diesem Buch. Wie du diese bekommst, findest du auf der letzten Seite des Buches.

DER EVERNOTE-WORKCHAT

DER SINN DES EVERNOTE-WORKCHATS

Es gibt Slack, den Facebook-Messenger, SMS, WhatsApp und vermutlich noch hunderte andere Chat- und Messenger-Dienste. Wozu braucht man da also noch den Evernote-Workchat?

Die Antwort ist relativ einfach: Der Workchat ist mit Sicherheit kein Tool, über das die gesamte Teamkommunikation laufen soll und diesen Anspruch hat er auch gar nicht. Für mich stehen drei Situationen im Vordergrund, bei denen der Evernote-Workchat wirklich Sinn macht:

Um sich mit Kollegen zu einer Notiz oder einem Notizbuch auszutauschen.
Um Notizen und Notizbücher freizugeben.
Und um schnell und einfach Feedback einzuholen.

Übrigens existiert auch eine Verknüpfung zwischen Evernote und Slack, die ich nur sehr empfehlen kann. So können auch Notizen direkt über Slack freigegeben, erstellt und angehängt werden. Wenn es also in Slack schon einen eigenen Channel für die Projektgruppe oder die Abteilung gibt, dann macht es durchaus Sinn, diese Verknüpfung zu aktivieren.

Weitere Informationen dazu findest du hier: **https://evernote.com/intl/de/slack**

EFFIZIENTE MEETINGS MIT EVERNOTE BUSINESS

DAS MEETING VORBEREITEN

Meetings sind einer der größten Zeitkiller in Unternehmen und deshalb nicht nur bei Chefs gehasst. Aber ganz ohne Meetings geht es leider auch nicht. Daher möchte ich dir in diesem Teil des Buchs eine Möglichkeit zeigen, wie du deine Meetings schnell, interessant, einfach und vor allem papierlos über die Bühne bringen kannst.

Der erste logische Schritt ist natürlich, das Meeting zu organisieren. Dazu müssen ein bis zwei Personen bestimmt werden, die sich um die folgenden Punkte kümmern:

- Zeit, Dauer, Pausen und Ort festlegen
- Teilnehmern eine Termineinladung senden
- Eine Evernote-Notiz oder ein Evernote-Notizbuch zum entsprechenden Meeting erstellen
- Mit allen Teilnehmern diese Notiz oder dieses Notizbuch teilen

In welchem Notizbuch du die Notiz mit diesen Informationen anlegst, bleibt natürlich dir überlassen. Du hast dazu die folgenden Möglichkeiten:

- Im Notizbuch der entsprechenden Abteilung, Filiale oder des Projektteams
- Im Arbeitsbereich einer Projektgruppe oder eines Teams
- In einem Notizbuch, auf das alle Mitarbeiter Zugriff haben

In den Bonustools zu diesem Buch (wie du dazu kommst, findest du auf der letzten Seite des Buchs) findest du eine Vorlage für eine Meetingagenda, die du nutzen und an die Bedürfnisse deines Unternehmens anpassen kannst. Bei mir liegt diese Notiz im Stapelnotizbuch „Unternehmen" im Notizbuch „Vorlagen". Damit haben alle Mitarbeiter Zugriff darauf. Ebenso handhabt es das Fitnesscenter, von dem ich dir schon erzählt habe.

Diese Notizvorlage enthält die folgenden Punkte:

- Genaue Informationen zum Meeting (Name, Datum, Uhrzeit, Ort und Ziel des Meetings)
- Link zu den Meetingregeln mit der Bitte um Einhaltung
- Zeitplan (von wann bis wann wird welches Thema besprochen)
- Teilnehmer (eine Liste aller Teilnehmer mit Name, Funktion in der Firma, Funktion im Projekt und eventuell einem Foto der jeweiligen Person)
- Vorbereitungsarbeiten (hier trägt jeder Referent kurze Infos zu seinem Thema ein, andere Teilnehmer können schon vorab Fragen deponieren)

- Wer organisiert was? (Wer bereitet das Meeting vor und organisiert Meetingraum, Beamer, Getränke usw.)
- Aufgaben (wer erledigt was bis wann?)
- Dateien und Präsentationen
- Bildmaterial
- Protokoll

Du kannst all diese Punkte in einer einzigen Notiz unterbringen oder du kannst sie in mehrere Notizen unterteilen. Je nachdem, wie du es angenehmer findest. Alles in einer Notiz zu haben, bietet natürlich den Vorteil, alles an einem einzigen Ort gespeichert zu haben. Eine Unterteilung in mehrere Notizen bringt dir den Vorteil, dass alles übersichtlicher ist und langes Scrollen wegfällt. Wenn du dich für eine Unterteilung entscheidest, bietet sich die folgende an:

- Übersichtsnotiz mit Links zu allen Notizen des Meetings
- Agenda
- Vorbereitungsarbeiten
- Equipment
- Protokoll

Lass uns all diese Punkte nun anhand eines Meetings in der bereits erwähnten Fitnesscenter-Kette durchsprechen:

Genaue Informationen zum Meeting

Meeting: Trainermeeting November 2017
Datum: 15.11.2017
Zeit: 07:00 - 13:00
Ort: Filiale A - Saal II
Ziel des Meetings: Siehe Agenda

Zeitplan
Hier findet sich der genaue Zeitplan inklusive Pausen wieder:

Erledigt	Zeit/Dauer	Thema/Verantwortlicher
[ ]	07:00 - 08:00	Allgemeine Informationen (Marc Munier)
[ ]	08:00 - 08:10	Pause
[ ]	08:10 - 09:00	Marketingschulung (Hans Mayer)
[ ]	09:00 - 09:10	Pause
[ ]	09:10 - 10:00	Produktivitätsschulung (Thomas Mangold)
[ ]	10:00 - 10:10	Pause
[ ]	10:10 - 10:30	Koordination Rezeption (Michael Pammer)
[ ]	10:30 - 11:00	Fragen, Diskussionen

Erledigt	Zeit/Dauer	Thema/Verantwortlicher
[ ]	11:00 - 12:00	Gemeinsames Mittagessen
[ ]	12:00	Ende des Meetings

Teilnehmer

Vorab gibt es natürlich auch eine Liste mit allen internen und externen Teilnehmern:

Externe		Trainer-Team	
Thomas Mangold Produktivität	Foto	Marc Munier Trainerteam-Leiter	Foto
Hans Mayer Leiter Marketing	Foto	Michael Baumer Stv. Trainerteam-Leiter	Foto
Michael Pammer Rezeption	Foto	Hans Korb Trainer	Foto
		Raphael Heiner Trainer	Foto
		Dominik Kurz Trainer	Foto

Vorbereitungsarbeiten
In diesem Bereich trägt nun jeder Vortragende seine Themen in kurzen Stichworten ein. Sollten alle Mitarbeiter schon vorab genauere Informationen benötigen, können hier natürlich auch Links dazu gesetzt werden. Damit kommen alle Mitarbeiter schon vorbereitet in das Meeting und haben einen ähnlichen Wissensstand. Das trägt dazu bei, dass das Meeting kurz und trotzdem informativ abläuft.

Außerdem können Mitarbeiter hier schon Fragen vorab formulieren oder Informationen eintragen. Wenn zum Beispiel schon alle Trainer ihre Urlaubswünsche vorab eintragen, dann braucht man nur noch eventuelle Überschneidungen zu besprechen.

Allgemeine Informationen

Schulung neue Geräte:
Dienstplan Dezember:
Öffnungszeiten Feiertage:
Vorstellung der neuen Trainer:
Kursangebote 2018:
Urlaube Trainer 2018:

Marketingschulung

Neue Mitgliedschaftsformen 2018:
Verkaufsgesprächschulung der Trainer:

Einwandbehandlung:
Fragen an Hans Mayer:

Koordination Rezeption

Wichtige Punkte zur Kommunikation zwischen Trainer und Rezeption:
Aufgaben der Rezeptionsmitarbeiter:
Fragen an Michael Baumer:

Fragen & Diskussionsthemen

Marc Munier	
Michael Baumer	
Hans Korb	
Raphael Heiner	
Dominik Kurz	

Wer organisiert was?

Natürlich gibt es auch vorab Dinge zu tun, um das Meeting reibungslos über die Bühne zu bringen. Dazu zählen Aufgaben wie den Meeting-Raum reservieren oder die richtige Bestuhlung, Getränke und technisches Equipment organisieren.

	Was?	**Wird organisiert/ vorbereitet von**
[x]	Beamer + Tisch	Hans Mayer

	Was?	**Wird organisiert/ vorbereitet von**
[x]	Getränke für Pausen	Dominik Kurz
[x]	Folder Marketing	Hans Mayer
[ ]		
[ ]		

Die Meetingregeln
Natürlich macht es Sinn, dass alle Meetingteilnehmer die Regeln kennen. Denn nur wenn es Regeln für ein Meeting gibt, wird es auch flott über die Bühne gehen. Sinnvoll ist es da natürlich, die Meetingregeln ebenfalls in eine Evernote-Notiz zu schreiben, auf die jeder Zugriff hat.

Meine Meetingregeln findest du ebenfalls als Vorlage in den Bonustools zum Herunterladen.

Der Link zur Notiz mit den Meetingregeln findet sich auch in der Vorlage zum Ablauf der Meetings. Damit können sich auch externe Teilnehmer einlesen.

Hier findest du eine Übersicht meiner Regeln, mit denen ich Meetings effizient und produktiv abhalte:

Generelle Regeln:

- Unsere Meetings werden im Stehen abgehalten.
- Jedes Meeting hat einen vorher festgelegten Moderator/Organisator.
- Alle Meetings haben eine zeitliche Begrenzung, die eingehalten wird.
- Bei längeren Meetings werden Pausen eingeplant.
- Es nehmen so wenige Teilnehmer wie möglich daran teil.
- Die Agenda wird im Vorfeld mit allen Teilnehmern abgestimmt.

- Meetings werden, wenn möglich, an Randzeiten gelegt.
- Es wird genau abgestimmt, wer was vorzubereiten hat.
- Die Meetingregeln werden vorher festgelegt.
- Evaluierung (Wer schreibt Protokoll? Was soll drinstehen? Wer soll Zugriff haben?)

Regeln im Meeting:

- Jedes Meeting startet mit einer kurzen Dankbarkeitsrunde (one minute of gratitude).
- Es wird nur besprochen was alle angeht.
- Smartphone-, Telefon-, E-Mail-Verbot
- Pünktlichkeit
- Vorbereitet sein
- Es spricht nur derjenige, der das Wort des Moderators hat.
- Jede(r) muss eine Meinung abgeben.
- Verwarnung (gelbe Karte)
- Sperre (rote Karte)

Natürlich kannst du diese Regeln auf die Bedürfnisse deines Unternehmens und deines Teams anpassen. Optimal ist es überhaupt, solche Regeln im Team zu erstellen.

DAS MEETING DURCHFÜHREN

Aufgaben

In einem Meeting sollen natürlich auch Projekte und Aufgaben auf den Weg gebracht werden. Dazu ist es notwendig, genau festzulegen, wer was bis wann macht. Und genau dazu ist diese Liste hier da:

Erledigt	Aufgabe	Deadline	Verant-wortli-cher Mit-arbeiter	Notizen
[ ]				
[ ]				
[ ]				
[ ]				
[ ]				

Diverse Dateien und Präsentationen

In Evernote kann man natürlich auch Präsentationen (egal ob Powerpoint oder Keynote) ablegen. Es kann im Sinne einer guten Dokumentation also durchaus Sinn machen, die Slides hier abzulegen. Damit kann sich jeder auch im Nachhinein Informationen daraus holen.

Bildmaterial
In vielen Meetings wird auch mit Flipchart und Whiteboard gearbeitet. Diese nach dem Meeting mit dem Smartphone und der Evernote-App abzufotografieren und hier abzulegen, ist in weniger als einer Minute erledigt. Damit ist sichergestellt, dass keine Informationen verloren gehen.

Protokoll
Last but not least muss noch ein Protokoll geschrieben werden. Für eine Person meist eine sehr mühsame und zeitraubende Aufgabe. Nicht so hier in Evernote, denn hier kann das Protokoll realtime während der Sitzung geschrieben werden. Und mal ganz ehrlich, allzu viele Informationen brauchst du hier nicht mehr reinzuschreiben.

Du hast in dieser Notiz die Vorbereitungsarbeiten, wo schon viele Informationen enthalten sind. Möglicherweise sind auch die Powerpoint- und Keynote-Präsentationen in dieser Notiz gespeichert. Die Person, die das Protokoll schreibt, muss lediglich noch die Ergebnisse des Meetings dokumentieren. Fertig!

DAS MEETING ARCHIVIEREN

Archivierung ist die letzte wichtige Entscheidung, die zu treffen ist. Dabei geht es um ein paar ganz einfache Fragen:

- Wer ist für die Archivierung zuständig?
- In welchem Notizbuch soll die Notiz archiviert werden?
- Wer soll Zugriff auf die entsprechende Notiz haben?
- Soll die Notiz zu einem gewissen Zeitpunkt gelöscht werden?

Außerdem ist die Notiz nun auf ein Minimum zu reduzieren. All jene Punkte, die nichts mehr im fertigen Protokoll zu suchen haben, sollten gelöscht werden – also etwa der Zeitplan oder die Organisation der Vorbereitung.

Wenn du Meetings in dieser Art und Weise vorbereitest, durchführst, protokollierst und archivierst, sparst du den Meetingteilnehmern und dem Unternehmen nicht nur sehr viel Zeit, sondern du benötigst im ganzen Ablauf auch kein einziges Blatt Papier.

Herrlich, oder?

Viel Erfolg bei der Umsetzung.

KUNDEN- UND KONTAKTMANAGEMENT

MIT EVERNOTE SINNVOLL?

Wann ist es sinnvoll, seine Kontakte über Evernote zu managen? Die Antwort auf diese Frage ist relativ einfach zu beantworten:

Wenn du hunderte oder sogar tausende Kunden oder Kontakte hast, dann ist es mit Sicherheit nicht sehr sinnvoll, diese über Evernote zu managen. Hier ist der Einsatz eines CRM-Systems garantiert die richtige Entscheidung. Diese Programme sind auf das Kontakt- und Kundenmanagement mit vielen Kunden spezialisiert. Ich möchte dir hier aber zwei Beispiele bringen, die dir vielleicht helfen können, die obige Frage für dein Unternehmen oder dein Team zu beantworten.

Beispiel 1: Ich selbst!
Ich unterteile hier sehr genau, was ich mit Evernote manage und was mit einem CRM-System. Meine Kunden, die SelbstmanagementRocks gekauft haben, werden mittels CRM-System erfasst und bearbeitet. Der Grund ist, dass diese eigentlich alle dieselben oder ähnliche Informationen brauchen und bekommen.
Anders sieht das bei meinen Firmenkunden bzw. Veranstaltern aus, die mich für Keynote-Reden und

Workshops buchen. Diese pflege ich nicht mittels CRM, sondern mit Evernote.

Beispiel 2: Das Fitnesscenter
Die Fitnesscenter-Kette, die ich dir in einigen Beispielen bereits vorgestellt habe, hat das ebenfalls gesplittet. Natürlich macht es keinen Sinn, die tausenden Fitness-Kunden mittels Evernote zu managen.
Sehr wohl Sinn macht es allerdings, alle Kontakte, die für den laufenden Betrieb notwendig sind, mittels Evernote zu organisieren. In dem Fall Handwerksbetriebe, Werbepartner, Kraftgerätefirmen, Supplementlieferanten usw.

Ich bin mir sicher, dass sich auch in deinem Unternehmen bzw. Team Möglichkeiten finden, wie du das am besten handhaben kannst.

Du hast nun drei Möglichkeiten, deine Kontakte zu organisieren:

- Entweder für jeden Kontakt ein eigenes Notizbuch (was für deine wichtigsten Kontakte, mit denen du viel zu tun hast, die beste Lösung ist).
- Oder du legst ein Kontaktnotizbuch an und dann für jeden Kontakt eine eigene Notiz.
- Oder du speicherst deine Kontakte nach Abteilungen, Projekten oder Kategorien ab.

Sehen wir uns diese Möglichkeiten nun an.

NOTIZBUCH FÜR TOP-KONTAKTE BZW. TOP-KUNDEN

Für deine wichtigsten Kunden und Kontakte bzw. für die, mit denen du sehr viel kommunizierst, bietet es sich natürlich an, ein eigenes Notizbuch zu erstellen. Bevor du das tust, musst du allerdings das Stapelnotizbuch „Kontakte" anlegen. In dieses Stapelnotizbuch kommen dann alle Notizbücher und Notizen zu deinen Kunden und Kontakten hinein.

Ich würde die Anzahl der Notizbücher hier an deiner Stelle nicht ausufern lassen. Daher solltest du vorher definieren, für wie viele deiner Kontakte und Kunden du ein Notizbuch erstellen willst. Sind es die Top 5, die Top 20 oder die Top 20?

Außerdem musst du dir natürlich an dieser Stelle auch überlegen, für welche Mitarbeiter du diese Notizbücher freigeben willst.

Wann ist die Erstellung eines eigenen Notizbuchs für einen Kontakt oder einen Kunden sinnvoll?

- Für große und wichtige Kunden oder Partner.
- Wenn du mit einem Kontakt mehrere Projekte laufen hast und damit auch mehrere Ansprechpartner vorhanden sind.
- Wenn du mit einem Kunden sehr viel kommunizierst.

Überblicksnotiz

Was du auf alle Fälle anlegen musst, ist eine Überblicksnotiz. Eine Vorlage dafür findest du in den Bonustools (wie du diese bekommst, erfährst du auf der letzten Seite des Buchs).

Diese Überblicksnotiz sollte alle wichtigen Informationen zum Kontakt enthalten:

- Titel
- Name
- Firma
- Adresse
- E-Mail-Adresse
- Telefonnummer
- Berufsbezeichnung
- Geburtstag
- Evtl. ein Foto
- Funktion in der Firma
- Funktion im Projekt
- Links zu weiteren wichtigen Notizen

Ich denke, die meisten Punkte auf der Liste erklären sich von selbst. Im Punkt „Links zu den wichtigsten Notizen" solltest du direkt auf die wichtigsten Notizen mit diesem Kontakt verlinken. Das kann die Notiz einer abfotografierten Visitenkarte ebenso sein wie die Notiz mit einem wichtigen Gesprächsprotokoll.

Alle weiteren Notizen
Nun kannst du in diesem Notizbuch natürlich viele weitere Notizen zum jeweiligen Kontakt speichern. Dazu hast du mehrere Möglichkeiten:

- E-Mails mit dem Evernote-Webclipper speichern
- Gesprächsprotokolle
- Telefonprotokolle
- Sprachnotizen
- Fotos
- Scans
- Usw.

Du siehst also, es gibt genügend Möglichkeiten, um wichtige Informationen zu deinen Kontakten in Evernote zu speichern.

NOTIZBUCH FÜR „WEITERE KONTAKTE"

Nun wird es natürlich nicht nur große und wichtige Kontakte geben, sondern auch kleinere und nicht so wichtige. Für diese jeweils ein eigenes Notizbuch anzulegen, macht relativ wenig Sinn, daher würde ich diese alle in einem einzigen Notizbuch sammeln.

Hier bieten sich nun zwei Möglichkeiten, wie du diese Kontakte optimal mit Evernote verwalten kannst. Entweder du begnügst dich pro Kontakt mit einer einzigen Notiz, oder du vergibst für jede Notiz zu einem gewissen Kontakt ein spezielles Schlagwort.

Wenn du alle wichtigen Informationen zu einem Kontakt in eine einzige Notiz bekommst, dann ist das natürlich optimal. Ich würde bei dieser Variante aber sehr darauf achten, dass die Notizen nicht ewig lang werden. Wenn man viel scrollen muss, um zu den nötigen Informationen zu kommen, ist das kontraproduktiv.

Bei der zweiten Variante arbeitest du mit Schlagwörtern. Hier solltest du ebenfalls eine Übersichtsnotiz anlegen und dann alle weiteren Notizen zum betreffenden Kontakt mit einem speziellen Schlagwort versehen. Das kann „Firma Müller" heißen oder „Kunde 022" oder wie auch immer du es benennen willst. Wichtig ist dabei, dass du ein Schlagwort nimmst, das du dir leicht merken kannst. Insofern ist „Firma Müller" mit Sicherheit besser als „Kunde 022".

So sind diese Kontakte sowohl über die Suchfunktion als auch über das Schlagwort sehr gut zu finden.

KONTAKTE NACH KATEGORIEN SPEICHERN

Eine weitere Möglichkeit, deine Kontakte zu speichern, sind Kategorien. So mache ich es in meinem Evernote-Business-Account. Ich habe im Stapelnotizbuch „Kontakte" die folgenden Notizbücher gespeichert:

- Kontakte Online-Marketing
- Kontakte Selbstmanagement
- Kontakte Speaking
- Kontakte Sportmentaltraining
- Kontakte Diverses

Alle Kontakte erhalten eine Übersichtsnotiz und wenn es mehr als eine Notiz zu einem Kontakt gibt, dann werden die Notizen mit dem entsprechenden Schlagwort versehen. Im Notizbuch „Diverses" landen einfach all jene Kontakte, die ich keiner der oberen vier Kategorien zuweisen kann.

Welche Form der Notizbuchstruktur im Stapelnotizbuch „Kontakte" du nun wählst, liegt natürlich an dir. Falls du dich für die Variante mit den Schlagwörtern entscheidest, solltest du auf jeden Fall sehr diszipliniert sein und auch deine Mitarbeiter darauf hinweisen, dass dieses System nur funktionieren kann, wenn alle die nötige Sorgfalt und Disziplin bei der Vergabe von Schlagwörtern an den Tag legen.

SCHLAGWÖRTER FÜR KUNDEN UND KONTAKTE

Wo wir gerade bei Schlagwörtern sind, bleiben wir gleich dabei. Es gibt nicht nur die Möglichkeit, deine Kontakte mit Schlagwörtern zu versehen, um sie dann leichter finden zu können; du kannst Schlagwörter auch auf andere Arten einsetzen, die mir durchaus sinnvoll erscheinen.

Score
So kannst du deinen Kontakten beispielsweise einen Score geben:

- Heißer Kontakt
- Warmer Kontakt
- Kalter Kontakt

Sektor/Branche
Es kann durchaus auch Sinn machen, den Sektor oder die Branche, in der sich der jeweilige Kontakt befindet, hinzuzufügen.

Status
Oder du markierst den Kunden mit dem jeweiligen Status:

- Neukunde
- Bestandskunde
- Exkunde

Das sind nur ein paar Beispiele. Ich bin mir sicher, dir und deinem Team werden noch weitere spannende Schlagwörter einfallen, die für dein Unternehmen sehr gut geeignet sind.

Ich würde allerdings nur die jeweilige Übersichtsnotiz mit dem entsprechenden Schlagwort versehen und nicht jede einzelne E-Mail oder jedes einzelne Gesprächs-Protokoll.

DEN FOLLOW-UP-KONTAKT PLANEN

Ein gutes Kontaktmanagement-System soll natürlich auch dabei helfen, regelmäßigen Kontakt zu bestimmten Personen zu halten. Mit Evernote ist dieses Follow-up sehr einfach, denn du brauchst nur in der Übersichtsnotiz zum entsprechenden Kontakt eine Erinnerung einzustellen.

Wenn du das tust, wird dich Evernote via Pop-up oder bei Bedarf auch via E-Mail daran erinnern, dass es Zeit wird, die entsprechende Person wieder zu kontaktieren.

Einfach, unkompliziert und sehr effektiv!

DEINE AUFGABEN

Hier nun deine Aufgaben für das Management deiner Kontakte:

- Erstelle das Stapelnotizbuch „Kontakte".
- Überlege dir, welche Notizbuchstruktur du in diesem Stapelnotizbuch umsetzen willst.
- Erstelle die entsprechenden Notizbücher.
- Erstelle Vorlagen für die Übersichtsnotiz sowie Vorlagen für Gesprächsprotokolle.
- Erstelle klare Regeln für die Vergabe der Schlagwörter.
- Lege Regelungen für die Follow-up-Erinnerungen fest.

Viel Erfolg bei der Umsetzung!

MITARBEITERMANAGEMENT

NOTIZBUCHMANAGEMENT IN DER HR-ABTEILUNG

Natürlich ist es nicht nur sinnvoll, deine Kontakte und Kunden mittels Evernote zu managen, sondern auch deine Mitarbeiter. Ob du dazu nun eine eigene HR-Abteilung hast, einen zuständigen Mitarbeiter oder ob du als Chef oder Teamleader selbst für das Personal zuständig bist, tut dabei nichts zur Sache.

Im ersten Schritt erstellst du wieder ein Stapelnotizbuch, diesmal mit dem Namen „Mitarbeiter". Für die Notizbuchstruktur innerhalb dieses Stapelnotizbuchs gibt es nun wieder mehrere Möglichkeiten:

- Du erstellst ein Notizbuch pro Mitarbeiter.
- Du erstellst ein Notizbuch pro Abteilung.
- Du erstellst ein Notizbuch für alle Mitarbeiter und arbeitest wieder mit Schlagwörtern.

Lass uns die einzelnen Möglichkeiten hier ein wenig genauer unter die Lupe nehmen:

Ein Notizbuch pro Mitarbeiter

Wenn dein Unternehmen nicht allzu viele Mitarbeiter hat, dann ist das durchaus eine sinnvolle Sache. Da ich nur einen fest angestellten Mitarbeiter und eine Handvoll Freelancer beschäftige, habe ich mich für diese Art der Aufteilung entschieden. Für meinen fest angestellten Mitarbeiter habe ich sogar zwei Notizbücher – eines, auf das er Zugriff hat, und eines, auf das nur ich Zugriff habe.

In jenem, auf das er keinen Zugriff hat, liegen der Arbeitsvertrag, die Anmeldung bei der Sozialversicherung und ähnliche Dinge. Zu dem Notizbuch, auf das er Zugriff hat, kommen wir gleich im nächsten Kapitel. Solltest du mehrere Mitarbeiter haben, reicht es, ein Notizbuch zu erstellen, in dem du Verträge und sonstige wichtige Dinge zu deinen Mitarbeitern speicherst. Dann solltest du allerdings wieder mit Schlagwörtern arbeiten.

Ein Notizbuch pro Abteilung
Wenn dein Unternehmen bzw. dein Team schon etwas größer ist, dann bietet es sich durchaus an, dass du deine Mitarbeiter in Abteilungen, Projekte oder Ähnliches einteilst. Das Fitnesscenter, von dem im Buch schon öfter die Rede war, hat diese Variante gewählt und dabei folgende Einteilung getroffen:

- Management
- Gastronomie
- Rezeption
- Trainer
- Handwerker

Du siehst also, auch das ist ein praktikabler Weg, wenn die Anzahl der Mitarbeiter steigt. Die einzige Problematik bei dieser Vorgehensweise ist, dass du dann nicht mehr das ganze Notizbuch an einen gewissen Mitarbeiter freigeben darfst, sondern nur noch die ihn betreffenden Notizen. Daher empfehle ich, in diesem Fall mit nur einer (oder zumindest mit sehr wenigen) Notizen zu arbeiten.

Natürlich ist bei dieser Variante die Vergabe von Schlagwörtern sehr sinnvoll. Du kannst dabei die Initialen des jeweiligen Mitarbeiters als Schlagwort verwenden oder seinen vollen Namen. Wenn die Anzahl der Mitarbeiter überschaubar ist, werden die Initialen vermutlich reichen. Trotzdem empfehle ich, den vollen Namen als Schlagwort zu nutzen, denn das macht die ganze Sache viel einfacher.

Ein Notizbuch für alle Mitarbeiter
Solltest du dich dazu entscheiden, brauchst du theoretisch nicht einmal ein eigenes Stapelnotizbuch zu erstellen, sondern könntest das Notizbuch auch im Stapelnotizbuch „Unternehmen" ablegen.

Auch in diesem Fall ist die Vergabe von Schlagwörtern sehr wichtig!

Definiere die Zugriffsberechtigungen
Das Thema Mitarbeiter ist recht sensibel. Du musst also vorher genau definieren, wer auf welche Notizbücher

bzw. auf welche Notizen Zugriff haben soll. Klar ist, dass die HR-Abteilung oder der für HR zuständige Mitarbeiter Zugriff darauf hat. Weiters sollte natürlich auch der direkte Vorgesetzte darauf zugreifen können.

Die Freigaben sind sehr von den internen Strukturen abhängig.

NOTIZEN ZU MITARBEITERN

Vielleicht stellst du dir jetzt die Frage, was du denn alles über deine Mitarbeiter ablegen könntest. Ich habe hier ein paar Ideen für dich zusammengestellt:

- Kontaktdaten
- Stammdaten
- Funktion in der Firma
- Funktion in Projekten
- Genaue Zuständigkeiten
- Arbeitszeiten/Kernzeiten
- Fokuszeiten
- Erfolgsjournal
- Fortbildungen
- Zielsetzungen (Woche, Monat, Quartal, Jahr)
- Urlaube/Zeitausgleich
- Persönliche Not-to-do-Liste
- Abwesenheitsnotizen
- Mitarbeiter-Orientierungsgespräche
- Usw.

Ich bin mir sicher, du wirst noch einige weitere Ideen haben, die du hier unterbringen kannst. In den Bonustools zu diesem Buch findest du auch eine Notizvorlage für ein Mitarbeiterprofil. Darin findensich Name, Position, ein Foto, Telefonnummer, E-Mail-Adresse, Skype-ID, Slack-ID, Fokuszeiten, Urlaube und Links zu den weiteren Notizen des Mitarbeiters.

Eigene Notizen habe ich für die folgenden Bereiche erstellt: Zielsetzung, Fortbildung, Erfolgsjournal, Not-to-do-Liste, Abwesenheitsnotiz, Mitarbeiter-Orientierungsgespräch.

Lass mich hier kurz die Punkte erklären, die sich auf den ersten Blick vielleicht nicht erschließen.

Fokuszeiten
Ich bin ein großer Fan davon, dass jeder Mitarbeiter Zeiten definiert, in denen er nicht gestört werden darf und vollkommen fokussiert an seinen Aufgaben arbeitet. Dabei sollte es sich um fixe Zeiten handeln und genau diese trägt er in sein Mitarbeiterprofil ein.

Erfolgsjournal
Im Stapelnotizbuch „Unternehmen" gibt es bei mir ein Firmen-Erfolgsjournal, aber auch mein Mitarbeiter und ich führen ein persönliches Erfolgsjournal. Ziel ist es, dass jeder Mitarbeiter seine persönlichen Erfolge im Unternehmen in dieses Notizbuch schreibt. Wenn es mal nicht so rund laufen sollte, kann man sich hier frische Energie und Motivation holen. Außerdem nimmt der Vorgesetzte die Leistungen des Mitarbeiters so eher wahr, was zu einem besseren Betriebsklima führt.

Fortbildungen
Hier werden alle bereits absolvierten und alle geplanten Fortbildungen vermerkt. Außerdem macht es Sinn, hier eine Liste mit Ideen zu Fortbildungen zu erstellen.

Zielsetzung

Diese sollte natürlich zwischen dem Mitarbeiter und dem Vorgesetzten oder vielleicht sogar im jeweiligen Team oder der Abteilung abgesprochen werden. Ich habe mit meinem Mitarbeiter jeden Montag Jour fixe, wo wir auch die Wochenziele besprechen. Die Ziele des kommenden Monats besprechen wir am letzten Montag des Vormonats.

Ob du mit deinem Mitarbeiter auch Quartals- oder Jahresziele vereinbarst, liegt natürlich sehr an der Struktur und dem Geschäftsfeld deines Unternehmens. Bei manchen wird es Sinn machen, bei manchen sind kürzere Ziele sinnvoller.

Persönliche Not-to-do-Liste

In dieser Liste stehen Dinge, die der Mitarbeiter während der Arbeitszeit nicht tun sollte. Diese sollte er selbst erstellen, aber auch der Vorgesetzte kann auf dieser Liste Feedback geben. Beispiele dafür können sein:

- In den sozialen Medien surfen
- Ausgiebiges privates Telefonieren
- Den Posteingang dauernd offen haben
- In den Pausen Berufliches besprechen
- Usw.

Du siehst also, es gibt viele Möglichkeiten für Notizen, die die Zusammenarbeit mit dem Mitarbeiter einfacher machen können und zur Produktivität beitragen.

DEINE AUFGABEN

Hier nun deine Aufgaben für das Management deiner Mitarbeiter:

- Erstelle das Stapelnotizbuch „Mitarbeiter".
- Überlege dir, welche Notizbuchstruktur du in diesem Stapelnotizbuch umsetzen willst.
- Erstelle die entsprechenden Notizbücher.
- Erstelle Vorlagen für die einzelnen Notizen (Mitarbeiterprofil, Erfolgsjournal, Ziele, Fortbildungen ...).
- Erstelle klare Regeln für die Vergabe der Schlagwörter.
- Lege Regelungen für die Follow-up-Erinnerungen fest (zum Beispiel zur regelmäßigen Erinnerung an das Mitarbeiter-Orientierungsgespräch).

Einige Vorlagen für Notizen zu diesem Bereich findest du in den Bonustools (auf der letzten Seite des Buchs erfährst du, wo du diese bekommst).

Viel Erfolg bei der Umsetzung!

ARBEITEN MIT TEMPLATES UND CHECKLISTEN

DIE GROSSEN VORTEILE

Das Arbeiten mit Vorlagen und Checklisten hat einige enorme Vorteile für das Unternehmen und die Mitarbeiter.

Zeit sparen
Wer mit Vorlagen und Checklisten arbeitet, ist viel schneller als jemand, der das nicht tut. Voraussetzung ist natürlich, dass die Vorlagen und Checklisten sehr gut aufbereitet sind.

Fehler verhindern
Warum verwenden Piloten auch bei der 5.324. Landung noch immer Checklisten? Warum werden in immer mehr Spitälern Checklisten eingeführt? Ganz einfach, dadurch werden Fehler nahezu ausgeschlossen.

Alle arbeiten mit denselben Vorlagen
Immer noch arbeiten in vielen Unternehmen die verschiedenen Abteilungen und Filialen mit unterschiedlichen Vorlagen für ein und dieselbe Sache. Das ist nicht nur kontraproduktiv, sondern verursacht auch immer wieder Fehler und Irrtümer.
Mit Evernote Business hast du einen zentralen Ablageort für die korrekten Vorlagen und Checklisten. So

stellst du nicht nur sicher, dass das gesamte Unternehmen mit denselben Vorlagen und Checklisten arbeitet, sondern dass auch immer die aktuellen Versionen verwendet werden.

Alle arbeiten mit demselben System
Alle Filialen handhaben ein und dieselbe Aufgabe vollkommen unterschiedlich. Gibt es dann Vertretungen aus anderen Filialen, ist das Chaos perfekt. Das soll und darf eigentlich nicht sein. Mit Evernote Business kannst du sicherstellen, dass das nicht passiert.

Ich denke, das alles sind gute Gründe, Zeit in durchdachte Vorlagen und Checklisten zu investieren.

BEISPIELE FÜR TEMPLATES UND CHECKLISTEN

Es ist schwierig, hier für alle Unternehmen und Teams gültige Beispiele zu zeigen. Vor allem bei den Checklisten ist das kaum möglich. Aber ich bin mir ziemlich sicher, dass teilweise schon Checklisten bestehen, die einfach nur noch zu Evernote transferiert werden müssen. Ebenso wird es vermutlich bei den Vorlagen sein.

Beispiel „Meetingagenda"
Diese haben wir im Kapitel „Effiziente Meetings mit Evernote Business" ja schon durchgesprochen. Noch einmal kurz zusammengefasst:

- Bezeichnung des Meetings
- Datum
- Uhrzeit
- Ort
- Ziel
- Meetingregeln
- Zeitplan
- Teilnehmer
- Vorbereitungsarbeiten
- Wer organisiert was?
- Aufgaben
- Diverse Dateien und Präsentationen
- Bildmaterial
- Protokoll

Wenn nun alle Mitarbeiter, Abteilungen, Filialen usw. nach dieser Agenda vorgehen, gibt es im gesamten Unternehmen die gleiche Struktur für Meetings.

Beispiel „Vorlage für Projekte"
Auch hier kurz zusammengefasst, was sich in dieser Notizvorlage findet:

- Titel des Projekts
- Ziel des Projekts
- Projektteam
- Meilensteine/Timeline
- Zu dokumentieren
- Aufgaben
- Usw.

Wieder ergibt das ein System für alle Projekte.

Natürlich gibt es noch eine Vielzahl an Beispiele für Vorlagen:

- Urlaubsantrag
- Abrechnungen
- Mitarbeiterprofil
- Gesprächsprotokoll
- Telefonprotokoll
- U. v. m.

DER ABLAUF BEI DER NUTZUNG

Nachdem wir nun die Vorteile und Anwendungsbeispiele kennen, geht es jetzt natürlich noch um den richtigen Ablauf. Zunächst gilt es logischerweise einmal, die entsprechenden Notizbücher anzulegen.

Auch hier gibt es wieder drei Alternativen:

1. Du legst die Notizbücher „Vorlagen" und „Checklisten" in das Stapelnotizbuch „Unternehmen".
2. Du legst ein eigenes Stapelnotizbuch „Vorlagen & Checklisten" an und erstellst darin einzelne Notizbücher.
3. Spezifische, nur einzelne Filialen oder Abteilungen betreffende Vorlagen und Checklisten können natürlich auch in den entsprechenden Stapelnotizbüchern der Abteilungen liegen.

Nachdem du die Notizbücher erstellt hast, pflegst du die Vorlagen und Checklisten als Notizen ein. Außerdem ist es wichtig, Mitarbeiter zu bestimmen, die die Vorlagen und Checklisten bei Bedarf aktualisieren.

Für die Mitarbeiter, die die Vorlagen und Checklisten verwenden, gilt die folgende Regel:

Bearbeite niemals eine Notiz im Notizbuch „Vorlagen" oder „Checklisten", sondern kopiere die entsprechende Notiz erst in das passende Notizbuch, bevor du sie bearbeitest.

Freigabe
Ein kurzer Hinweis noch zum Thema „Freigabe der Notizen und Notizbücher". Natürlich brauchen nicht alle Mitarbeiter Zugriff auf alle Checklisten und Vorlagen. Auch hier kannst du die Notizen und Notizbücher nur an bestimmte Mitarbeiter freigeben.

DEINE AUFGABEN

Hier nun deine Aufgaben für das Arbeiten mit Vorlagen und Checklisten:

1. Erstelle das Stapelnotizbuch oder die entsprechenden Notizbücher.
2. Überlege dir, welche Notizbuchstruktur du in diesem Stapelnotizbuch umsetzen willst (falls du dich dafür entscheidest).
3. Erstelle die entsprechenden Notizbücher.
4. Erstelle Vorlagen.
5. Erstelle Checklisten.
6. Bestimme Mitarbeiter, die diese Vorlagen und Checklisten aktualisieren dürfen.
7. Mach allen die Regeln im Umgang mit Vorlagen und Checklisten klar.

Einige Vorlagen für Notizen zu diesem Bereich findest du in den Bonustools (wie du dazu kommst, erfährst du auf der letzten Seite des Buchs).

Wenn sich alle an diese Vorgehensweise und Regeln halten, wirst du mit Checklisten und Vorlagen die Produktivität in deinem Unternehmen bzw. Team massiv steigern.

Viel Erfolg bei der Umsetzung!

WIKIS ERSTELLEN

WOZU WIKIS?

Falls du nicht weißt, was ein Wiki ist, hier noch einmal die Definition von Wikipedia:

> *Das Ziel ist häufig, Erfahrung und Wissen gemeinschaftlich zu sammeln (kollektive Intelligenz) und in für die Zielgruppe verständlicher Form zu dokumentieren.*

Wikis sind eine super Methode, um Know-how in der Firma oder im Team zu lassen. Wenn jeder Mitarbeiter seine Arbeit gut dokumentiert, dann ist sichergestellt, dass sein Know-how auch nach seinem Ausscheiden im Unternehmen bleibt. Ich habe zum Beispiel für meinen Assistenten ein Support-Wiki (eines von mehreren, die wir nutzen) erstellt. So kann er auf 80 Prozent der Anfragen, die via E-Mail kommen, reagieren. Alles, was er tun muss, ist, in das jeweilige Wiki zu sehen und sich die Lösung da rauszuholen. Sollte er sich dann beruflich verändern wollen, kann sein Nachfolger ohne große Einarbeitung ebenfalls sofort mit diesem Wiki arbeiten.

Insofern ist es sicher sinnvoll, in deinem Unternehmen ein Wiki zu erstellen. Das Know-how, das sich da mit der Zeit ansammelt, ist extrem wertvoll. Allerdings gilt es, dabei einige wichtige Punkte zu beachten, und genau die sehen wir uns jetzt genauer an.

SO ERSTELLST DU WIKIS MIT EVERNOTE

Bevor du das erste Notizbuch dazu anlegst, solltest du dir genau überlegen, welche Wikis du überhaupt brauchst, denn es gibt unterschiedliche Arten und Möglichkeiten:

- Allgemeine Wikis (sind allen Mitarbeitern frei zugänglich)
- Abteilungsspezifische Wikis (sind nur den Mitarbeitern der Abteilung zugänglich)
- Projektspezifische Wikis (sind nur den Projektmitarbeitern zugänglich)
- Wikis für Externe (Kunden, Verkäufer, Berater ...)

Alles beginnt, du wirst es vielleicht schon erahnen, mit dem Stapelnotizbuch „Wiki". Darin musst du nun eine für dich sinnvolle Notizbuchstruktur erstellen. Als Beispiel will ich dir hier meine Struktur zeigen:

- **Wiki E-Mail:** Hier landen alle möglichen Antworten auf Fragen, Wünsche und Anregungen, die via E-Mail hereinkommen.
- **Wiki IT:** In diesem Notizbuch finden sich Anleitungen, Tutorials und Informationen rund um das Thema Technik.
- **Wiki Marketing:** Corporate Idendity, Social-Media-Auftritt, Logo-Verwendung und viele weitere Informationen rund um Marketingthemen.
- **Wiki Speaking:** Wie ist mit Anfragen umzugehen,

was ist bei Verträgen zu beachten, wie sind Reisen zu organisieren und vieles mehr.
- **Wiki Support:** Hier finden sich alle Informationen zum Kundensupport
- **Wiki Tools:** Anleitungen, Tutorials und Informationen zu Tools, die wir verwenden.

Diese Wikis lassen sich auch super innerhalb von Abteilungen und Teams erarbeiten. Lass deinen Mitarbeitern bei der Erstellung ruhig ein wenig freie Hand, du wirst sehen, es werden spannende Dinge entstehen. Natürlich ist es wichtig, die Mitarbeiter dazu richtig zu motivieren, denn erstmal handelt es sich auch hier um einen Mehraufwand, der sich aber sehr schnell lohnen wird.

Übrigens: Diese Wikis müssen nicht alle selbst geschrieben werden. Du kannst hier ganze Webseiten (mittels Webclipper) oder E-Books speichern. Alle Informationen, die schon vorhanden sind, kannst du in die entsprechenden Notizbücher schieben.

Stell dir vor, das Wissen deines Unternehmens ist an einem einzigen Ort konzentriert und jeder, der Zugriff darauf hat, kann alles mit ein paar Mausklicks finden. Du bist nicht mehr auf externe Quellen angewiesen und vor allem sind die Informationen exakt auf dein Unternehmen zugeschnitten! Ist das nicht eine wunderbare Vorstellung?

WICHTIGE REGELN ZU WIKIS

Damit der Einsatz von Wikis sinnvoll ist, musst du allerdings einige Punkte bedenken und vor allem auch ein paar Regeln beachten.

Regeln für die Erstellung
Die Erstellung von Wikis klappt in der Regel recht gut und schnell, trotzdem macht es Sinn, für jedes Wiki, jede Abteilung und auch für jeden Mitarbeiter einen Redaktionsplan zu machen. Darin legst du fest, wer was bis wann und in welcher Form erstellt:

- Reicht eine Beschreibung mit Text?
- Oder werden Screenshots von den einzelnen Arbeitsschritten angefertigt?
- Werden PDFs erstellt?
- Werden externe Quellen zitiert?
- Sollen Links zu Videos eingebunden werden und wo werden diese Videos gehostet?
- Und so weiter.

Je genauer du das festlegst, umso besser ist es.

Nachdem jeder Mitarbeiter seine Vorschläge abgegeben hat, entscheidet nun der „Chefredakteur", was umgesetzt wird, in welcher Form es umgesetzt wird und bis wann es fertig zu sein hat.

Die Freigaben
Sind sämtliche Wikis erstellt und mit Inhalten gefüllt, kann man sie an die Mitarbeiter freigeben. Bevor das geschieht, sollte man sich überlegen, welche Mitarbeiter auf welche Wikis Zugriff haben sollen.

Es gibt aber einen weiteren wichtigen Punkt, den es zu beachten gibt. Und zwar mit welcher Berechtigung die Mitarbeiter zugreifen dürfen. Berechtigung zum Ansehen, Berechtigung zum Bearbeiten, Berechtigung zum Bearbeiten und Einladen?

Meiner Erfahrung nach macht folgende Vorgehensweise Sinn:

- Bestimme für jedes Wiki zwei Chefredakteure, die die Berechtigung zur Bearbeitung haben.
- Alle weiteren Mitarbeiter haben „nur" die Berechtigung zum Ansehen und müssen Änderungswünsche oder Neuerungen bei den Chefredakteuren einreichen.
- Lediglich du als Chef oder deine Evernote-Administratoren sollten die Berechtigung zum Einladen haben.

Der Grund ist relativ simpel: In diesen Wikis wird sich sehr schnell unheimliches Wissen ansammeln. Dieses Wissen ist zu wertvoll, um es vielleicht an die Konkurrenz zu verlieren. Hüte diese Wikis deshalb auch wie einen Schatz.

Die Pflege

So ein Wiki braucht natürlich auch Pflege, sonst werden sich sehr schnell veraltete Informationen ansammeln und das Wiki zu einer Müllhalde machen. Daher musst du dir schon im Vorfeld die folgenden Fragen stellen:

- Wer ist für welche Inhalte zuständig und hält diese stets auf dem neuesten Stand?
- In welchen Rhythmus werden die Wikis auf Aktualität überprüft?
- In welchem Rhythmus sollen neue Wikis aufgenommen werden?

Ich will dir diese Fragen am Beispiel der Fitnesscenter-Kette beantworten. Dort gibt es für jedes Wiki einen Chefredakteur und einen stellvertretenden Chefredakteur. Zumindest zwei Personen damit zu betrauen ist deshalb sinnvoll, weil du dann bei Urlauben oder Krankenständen handlungsfähig bleibst. Diese zwei Personen erhalten vom Unternehmen zeitliche Ressourcen, die ihnen zugewiesenen Wikis zu betreuen. Wie viel Zeit sie dafür brauchen, hängt vom Umfang des jeweiligen Wikis ab.

So gibt es da zum Beispiel das Wiki für Trainer mit Trainingsprogrammen, neuesten Erkenntnissen und allen wichtigen Informationen, die die Trainer in ihrer täglichen Arbeit benötigen. Die beiden Trainer, die für dieses Wiki zuständig sind, erhielten folgende zeitliche Ressourcen:

Wöchentlich eine Stunde, um neue Wikis hinzuzufügen, die von anderen Trainern eingereicht wurden. Monatlich vier Stunden, um das Wiki auf Aktualität zu überprüfen, auszumisten und selbst neue Wiki-Einträge zu erstellen.

Damit ist sichergestellt, dass das Wiki mit aktuellen Informationen gefüllt ist, immer wieder neue Informationen hinzukommen und es trotzdem schön schlank bleibt und nicht ausufert.

DEINE AUFGABEN

Hier nun deine Aufgaben für das Arbeiten mit Wikis:

1. Erstelle das Stapelnotizbuch „Wiki".
2. Überlege dir, welche Wikis und damit welche Notizbuchstruktur du in diesem Stapelnotizbuch umsetzen willst.
3. Bestimme Chefredakteure und Stellvertreter.
4. Lass von allen Mitarbeitern Redaktionspläne erstellen.
5. Überlege dir die Freigabeeinstellungen für die einzelnen Wikis.
6. Lege die Regeln für den laufenden Betrieb fest.

Viele Unternehmen, denen ich die Einführung von Wikis vorgeschlagen habe, haben mich anfangs ein wenig belächelt. Nun zählen diese Wikis zu den größten Firmenschätzen und werden nicht nur ordentlich geschützt, sondern haben auch einen enormen Einfluss auf die Produktivität, die Effizienz und die Effektivität jedes einzelnen Mitarbeiters und damit auch auf das gesamte Unternehmen.

Viel Erfolg bei der Umsetzung!

EVERNOTE BUSINESS 2 MONATE KOSTENLOS TESTEN

Meine Leserinnen und Leser können Evernote Business zwei Monate vollkommen kostenlos testen. Was du dazu tun musst, erfährst du in den Bonustools zu diesem Buch! Am Ende des Buches findest du den Link dazu.

BÜCHER UND SELBSTMANAGEMENTROCKS

BÜCHER

Die weiteren Bücher von Thomas Mangold:

- Evernote – Mein Life-Management-Tool **(http://amzn.to/2Imoz5u)**
- 101 Produktivitäts-Tipps **(http://amzn.to/2IlhqTe)**
- Die Selbstmanagement-Formel **(http://amzn.to/2DmD1ad)**

SELBSTMANAGEMENTROCKS

Wenn du ohnehin wenig Zeit hast und dein Selbstmanagement mit effektiven und praxiserprobten Methoden verbessern willst, dann lade ich dich recht herzlich zu SelbstmanagementRocks (**http://selbstmanagement.rocks/**) ein.

Dort erwartet dich zunächst einmal ein Fragebogen, anhand dessen du deinen persönlichen Lehrplan (also die optimale Kursreihenfolge) von mir zur Verfügung gestellt bekommst.

Unter anderem befinden sich mittlerweile folgende Kurse auf der Plattform:

- Fokussierter arbeiten
- Workflow-Management
- Nie mehr aufschieben
- Wochen- & Tagesplanung, die hält
- Projektmanagement mit Evernote & ToDoist
- Jahresplanung
- Mehr freie Zeit
- Minimalismus für Normalbürger
- Zero Inbox
- Evernote Basiskurs
- Evernote Business
- Evernote für Blogger
- Evernote auf Reisen
- Finanzverwaltung mit Evernote

- Effiziente Meetings
- Gewohnheiten Basiskurs
- Gewohnheit Früher aufstehen
- Limitierende Glaubenssätze loswerden
- Lebenslanges Lernen – die Strategie
- Gerümpel-Challenge
- Büro-Gerümpel-Challenge
- Nein sagen lernen – die Strategie
- Hörbuch 101 Produktivitätstipps
- Der richtige Umgang mit Stress
- Automatisierung – Produktivität auf Autopilot
- Projektplanung mit Mindmeister und Meistertask

Weitere Kurse folgen in regelmäßigen Abständen!

Alle weiteren Informationen zu SelbstmanagementRocks findest du hier: **http://selbstmanagement.rocks/**

Ich freue mich, wenn wir uns auf der Plattform wiedersehen und dein Zeit- und Selbstmanagement rocken.

BONUSTOOLS

SO KOMMST DU AN DIE BONUSTOOLS

Nun will ich dir aber verraten, wie du die Bonustools bekommst, die ich im Buch immer wieder erwähnt habe. Auf der Bonustool-Seite findest du alle Vorlagen und dort halte ich dich auch über Updates und Neuerungen auf dem Laufenden.

Alle weiteren Informationen findest du unter:
http://selbstmanagement.rocks/evernote-business-buch

VIELEN DANK!

Damit sind wir am Ende des Buchs angelangt. Ich freue mich sehr, dass du es bis hierher geschafft hast. Evernote Business ist ein extrem mächtiges Tool, wenn du weißt, wie du es einsetzt. Nach dieser Lektüre dürfte dir das allerdings nicht mehr sehr schwerfallen.

Ich wünsche dir viel Erfolg bei der Umsetzung!

Liebe Grüße
Thomas Mangold

http://selbst-management.biz/
http://selbstmanagement.rocks/

34719446R00069

Printed in Poland
by Amazon Fulfillment
Poland Sp. z o.o., Wrocław